विनय कुमार

विनय कुमार का जन्म 9 जून, 1961 को बिहार के जहानाबाद ज़िले के कन्दौल गाँव में हुआ। उन्होंने पटना मेडिकल कॉलेज, पटना से एम.डी. (मनोचिकित्सा) किया।

उनकी प्रकाशित पुस्तकें हैं—'क़र्ज़े-तहजीब एक दुनिया है' (ग़ज़ल-संग्रह); 'आम्रपाली और अन्य कविताएँ', 'मॉल में कबूतर', 'यक्षिणी' तथा 'पानी जैसा देस' (कविता-संग्रह); 'आत्मज' (काव्य-नाटक); 'एक मनोचिकित्सक के नोट्स' और 'मनोचिकित्सा संवाद' (मनोसामाजिक विमर्श)। उन्होंने इंडियन साइकायट्रिक सोसाइटी के लिए मनोचिकित्सा-शिक्षा विषयक सात किताबों का सम्पादन/सह-सम्पादन और मानसिक स्वास्थ्य की हिन्दी पत्रिका 'मनोवेद डाइजेस्ट' का सम्पादन किया है। मनोरोग से सम्बन्धित विषयों पर अख़बारों तथा पत्रिकाओं में उनका विपुल लेखन है।

वे इंडियन साइकाएट्रिक सोसाइटी के पूर्व राष्ट्रीय अध्यक्ष (2023-24), वर्ल्ड साइकाएट्रिक एसोसिएशन में दक्षिण एशिया की ओर से बोर्ड मेम्बर तथा वर्ल्ड एसोसिएशन फॉर सोशल साइकाएट्री के सुइसाइडॉलजी सेक्शन के सेक्रेटरी हैं।

उन्हें मनोचिकित्सा सेवा के लिए इंडियन मेडिकल एसोसिएशन के 'डॉ. रामचन्द्र एन. मूर्ति सम्मान–2007', अन्तरराष्ट्रीय योगदान के लिए अमेरिकन साइकाएट्रिक एसोसिएशन के 'डिस्टिंग्विश्ड फेलो सम्मान', 'एक मनोचिकित्सक के नोट्स' के लिए 'अयोध्या प्रसाद खत्री स्मृति सम्मान–2015' तथा कविता के क्षेत्र में उल्लेखनीय योगदान के लिए 'बनारसी दास भोजपुरी सम्मान–2019' से सम्मानित किया जा चुका है।

सम्प्रति : मनोवेद माइंड हॉस्पिटल, पटना में मनोचिकित्सक।

ई-मेल : dr.vinaykr@gmail.com

श्रेयसी

विनय कुमार

राजकमल पेपरबैक्स

राजकमल पेपरबैक्स में
पहला संस्करण : 2025

राजकमल पेपरबैक्स : उत्कृष्ट साहित्य के जनसुलभ संस्करण

राजकमल प्रकाशन प्रा. लि.
1-बी, नेताजी सुभाष मार्ग, दरियागंज
नई दिल्ली-110 002
द्वारा प्रकाशित

शाखाएँ : अशोक राजपथ, साइंस कॉलेज के सामने, पटना-800 006
पहली मंजिल, दरबारी बिल्डिंग, महात्मा गांधी मार्ग, प्रयागराज-211 001
1, अनमोल सोराबजी सन्तुक लेन, धोबी तलाव, मरीन लाइंस, मुम्बई-400 002

वेबसाइट : www.rajkamalprakashan.com
ई-मेल : info@rajkamalprakashan.com

विकास कम्प्यूटर एंड प्रिंटर्स
ट्रॉनिका सिटी-201 102 द्वारा मुद्रित
द्वारा मुद्रित

मूल्य : ₹399

SHREYASI
Poetry by Vinay Kumar

ISBN : 978-93-6086-729-4

गाथा जब तुम्हारी तो कैसे किसी और को
और जो तुम्हें, तो अर्पित यह कृति मुझे भी हो जाएगी
इसीलिए उन्हें, सिर्फ़ उन्हें जो बाँचेंगे
कल के प्रकाश में
गूँजें अब उनके ही स्वर तुम्हारे आकाश में!

रिक्थ जो रास्ता...

ध्यान धरता हूँ तो एक स्मृति झाँकती है। देर रात, अकेलापन, अनिद्रा का आकाश और विचारों के उड़ते हुए बादल! इस आवारगी में कभी बचपन तो कभी युवावस्था की यादें—कॉलेज की सरस्वती पूजा और फिर बचपन की सरस्वती पूजाएँ और कई सरस्वती वन्दनाएँ और वहाँ से मिथक-लोक। ब्रह्मा और सरस्वती, और अन्धकार को चीरकर संसार गढ़ती वासना और प्रेम की नदी और फिर युग्म। यह प्रश्न भी उठा—इस विराट रूपक पर क्यों कोई लोकप्रिय महाकाव्य नहीं? और उत्तर भी उतरा—तुम चाहो तो लिख सकते हो विनय कुमार।...ना, असम्भव...काम के घंटों में बँटा दिन, गिनती के पृष्ठों से आगत ज्ञान और काल के गर्म तवे पर गिरकर क्षण-भर में छन्न हो जानेवाली क्षमता...ना...ना।...इस विचार के साथ एक शैथिल्य ने आ दबोचा था, और नींद ने मुझे अबोध माटी के पुतले में बदलकर द्वन्द्वहीन कर दिया था।... शायद यही वह घड़ी थी जब एक बीज माटी के पुतले की माटी में गिरकर ओझल हो गया था...

30 जनवरी, 2020—वसन्तपंचमी थी। सुबह की हरी चाय पीते हुए कुछ कौंधा और अपनी वॉल पर टाइप करने लगा। चाय ख़त्म होते-होते एक कविता पूरी होकर पोस्ट हो गई थी। शिवकिशोर तिवारी जी को यह तराशी हुई कविता लगी और मनीषा जी ने कहा—अब इस पर सीरीज। मैंने कहा—इस पर सीरीज मेरे वश में कहाँ। उनका उत्तर था—जैसे यक्षिणी। क्या कहता! सोचकर आप लेख लिख सकते हैं, कविता नहीं। ख़ैर, फ़ेसबुक के अधिकांश पन्ने अख़बार से भी पहले अस्त होते हैं, सो वही हुआ। मगर ढाई महीने बीतते-बीतते सारा विश्व कोविड की चपेट में आ गया और मैं अपने घर में अकेला क्योंकि मंजु जी बच्चों के पास अमेरिका में थीं। संकट और सन्नाटे से लड़ने के सिवा कोई

चारा न था। क्लिनिक का काम दो घंटे में निपटता, ऑनरेरी ऑनलाइन सेवाएँ घंटे-भर में और फ़ेसबुक लाइव सप्ताह में दो या तीन। इतना समय कि पढ़ो और कोई फ़िल्म देखो तब भी सन्नाटे की एक सुरंग। कितनी देर घर के परिसर में लगे पेड़ों, गिलहरियों, कबूतरों और कौवों के साथ बोलता-बतियाता और हँसता। बहुत तरह की सचेष्ट सक्रियताओं के बावजूद अकेलापन बहुत सताता, कई बार तो जैसे डंक मारता। इसी दंश ने मुझे अपने एकान्त में धकेला, ध्यान में ले गया और विचार के दिवास्वप्नों के शिथिल द्रष्टा में बदला, और एक अल्पज्ञ के बोध की बालक बाँहें विराट के आलिंगन के प्रयास में लगीं। तब तो नहीं, मगर अब कह सकता हूँ कि हश्र हुआ उन अंधों वाला जो हाथी को कभी दीवार तो कभी मोटा रस्सा बताते थे। सहस्राब्दियों में विकसित हुई और लगातार परिवर्तित होती अवधारणा के प्रवाह से क्या बना पाता मैं। पानी से भीगा जा सकता है, उसकी तरावट और ऊष्मा को महसूस किया जा सकता है और उसके साथ सामर्थ्य-भर चला जा सकता है, किन्तु पानी से मूर्ति नहीं बना सकते आप, अधिक-से-अधिक उसका परिचय, पता और भाव-स्वभाव बताते प्रतीक सोच सकते हैं। और, प्रतीक भी ऐसे नहीं जैसे मोती कि गूँथकर एक सुन्दर माला बना लें। जो मिले वे इतने विविध और इतने असमान थे उन्हें किसी आख्यान में बदल पाना असम्भव था मेरे लिए। मैं अपनी सीमाओं को स्वीकार करता हूँ।

कोविड, सरस्वती और कविता! कैसी बेमेल और अवांछनीय त्रिवेणी! किन्तु यह घटित हो रही थी। मैं जगत से सायास जुड़ा था और सीमाओं के भीतर पारिवारिक, व्यावसायिक और सामाजिक दायित्व भी निभा रहा था, किन्तु वे दिन साधारण नहीं थे। मृत्यु की आँधी चल रही थी। पीले तो पीले, हरे पत्ते भी टूटकर गिर रहे थे। अप्रिय समाचारों से आहत दिन और दुःस्वप्नों से बिंधीं रातें। संवेदना नंगी होती डालों की तरह शोक में डूबी थी। किन्तु आँखें खुलते ही उजास की दस्तक महसूस होती थी। छत पर जाते ही पूरब के आकाश में लालिमा की लताएँ दिखतीं। इन्हें द्वाभा कहो कि शफ़क़ उदय की उम्मीद उमड़ उठती। नीचे आकर ग्रीन टी बनाता और बाहर बालकनी में जा बैठता कि प्रथम रश्मि मेरी ठंडी होती हरी चाय को छू सके। रेड रेज़ सोक्ड ग्रीन टी! यह एक अजीब सी रेसिपी थी जिसके साथ मेरा दिमाग़ ज़रा-सा

जागता। न्यूरो-साइकोलॉजी की भाषा में कहूँ तो दुनियादारी को चलानेवाला एग्जीक्यूटिव नेटवर्क दफ़्तर खोल रहा होता और रचनात्मकता का स्वाभाविक दफ़्तर यानी डिफ़ॉल्ट मोड नेटवर्क एक प्रस्तावना या एक बिम्ब परोस देता। कभी-कभी बात पूरी हो जाती मगर कई बार भावना ज्ञान का मुँह जोहती, और अपना ज्ञान तो बस उतना ही और वैसा ही जितना और जैसा एक तुच्छ भौंरा वैश्विक विस्तार और वैविध्य वाले वन में पा सकता है। तो मेरी यह यात्रा भीतर बैठे उच्छृंखल भौंरे की निजी और प्राणरक्षी आवश्यकता और सीमित सामर्थ्य के बल पर हुई है।

जब भी विराम आया मिडल स्कूल की यह दैनिक प्रार्थना याद आई : या कुन्देन्दु तुषारहार धवला...जाड्यापहा! बहु-वाचित और बहुचर्चित इस छंद में सारे विशेषण और विवरण विरुद हैं, जाड्यापहा भी। किन्तु जाड्यापहा एक ऐसा विरुद है जो मात्र कथालोक की सरस्वती के लिए नहीं। इसमें नदी और चेतना दोनों के गुण समाहित हैं। इस एक शब्द में सरस्वती को पुकारते वैदिक ऋषियों के तीनों सम्बोधन समाहित हैं : अम्बितमे! नदीतमे! देवितमे!

अम्बितमे! नदीतमे! देवितमे! एक माँ जो शिशु के भीतर सरस्वती की सम्भावना रखती है, एक नदी जो जीवन के बाहर और भीतर बहकर प्राण और प्रकृति का प्रवाह सुनिश्चित करती है और एक देवी जो सांत को अनन्त करती है और अनन्त की ऊर्जा पिला सांत की जिज्ञासा को अशांत रखती है।

त्रिवेणी तो सरस्वती की अवधारणा के भीतर है। न सिर्फ माँ-नदी-देवी बल्कि पश्यन्ती, मध्यमा, वैखरी और भारती-सरस्वती-इड़ा भी। वाक् तो एक किन्तु उसकी स्थितियाँ और अवस्थाएँ तीन। वाणी या अभिव्यक्ति के प्रथम अगम्य लोक को ऋषियों ने ब्रह्मांड में प्रक्षेपित करते हुए द्युलोक माना और उसकी अवस्था को पश्यन्ती कहा, जहाँ उसका प्रथम संकेत उसे अन्तरिक्ष और अवस्था को मध्यमा और जहाँ वह प्रकट उसे पृथ्विलोक और अवस्था को वैखरी कहा। द्युलोक की अधिष्ठात्री भारती मानी गई, अन्तरिक्ष की सरस्वती और पृथ्विलोक की इड़ा। इड़ा जिसे प्रसाद आधुनिक सारस्वत चेतना का प्रतीक मानते हुए लिखते हैं—बिखरी अलकें ज्यों तर्क-जाल! वे मनु और श्रद्धा के भविष्यगामी पुत्र को उसी के हवाले करते हैं। देखा जाए तो सरस्वती की तीन अवस्थाएँ सभ्यता की मनोयात्रा को भी प्रतीकित करती

हैं : लघु और अविकसित मानस के समक्ष प्रकृति और विराट ब्रह्मांड का अपार-अगम्य विस्मय-विस्तार है, फिर विकसित होता मानस संकेत पकड़ उन्हें बोधगम्य बनाने का प्रयास करता है, और फिर तर्क-वितर्क की शक्ति और उनके प्रयोग-उपयोग का युग आता है। इन तीनों सारस्वत अवस्थाओं को अगर मानव-मन के स्तर तक रेड्यूस करते हैं तो हमारी मुलाक़ात फ्रायडियन अन्कॉन्शस, सब-कॉन्शस और कॉन्शस से होती है। जो मैं करता और जीता हूँ, उसकी सीमा भी यही है। तर्क-जाल की तरह बिखरी अलकों में उलझना मेरी नियति है और हर बात के लिए प्रमाण माँगना मेरे युग की माँग। अचेतन की क्षणांशजीवी कौंध के परे जा पाना और शैव दर्शन में वर्णित 'परा' की अनुभूति को वैखरी तक लाना मुझ जैसों की सामर्थ्य के बाहर है। यह चमत्कार अभिनवगुप्त जैसे दुर्लभ साधक ही कर सकते हैं।

इस यात्रा में प्रयास तो करना पड़ा किन्तु जो काव्यांतरित हुआ वह अनायास था, जैसा कि कविता में होता है—वैज्ञानिक प्रयासों से इतर। कोई अवधारणा नहीं, बस कुछ सूचनाएँ और थोड़ी-सी सांस्कृतिक समझ। नदी ढूँढ़ने निकला तो काग़ज़ पर खिंची कई तरह की रेखाएँ मिलीं, और वो भी रेत में डूबी हुईं। उद्गम सोचते हुए मूल की तरफ़ दौड़ा तो शिवालिक से टकराकर गिरा। निपट निर्जलता और प्रस्तर प्रदेश। जी में आया नदी के अनुमानित पथ की पदयात्रा पर निकल जाऊँ। मगर अपनी सीमाएँ और कोविड की क़ैद! पैंतालीस सौ वर्गफ़ीट में फँसा यह कलयुगी वामन क्या करता। हारकर उस नदी में उतर गया जो सभ्यता के प्रवाह में आबद्ध-आवेष्ठित चेतना के सबसे निचले इलाक़े में बहती रहती है। मेरा इशारा कलेक्टिव और पर्सनल अनकॉन्शस की तरफ़ है। यहाँ मुझे इतने संकेत मिले और इतने आर्किटाइप्स कि मैं जड़ हो गया, मगर जाड्यापहा के ध्यान ने ऐसी मौत मरने से बचा लिया; और अब मैं हूँ और यह पीड़ा और अपराध-बोध कि अछोर बहती नदी में अपने भीतरी और बाहरी पुस्तकालय से चुने कुछ तिनके बहाने के सिवा और किया भी क्या!

जब यात्रा शुरू की थी सिर्फ़ एक सरस्वती थी मेरे आगे। और गहरे उतरा तो वेद-विहित सारस्वत त्रिवेणी मिली। मगर जैसे-जैसे चेतना का साधारणीकरण होता गया, एक के बाद दूसरी सरस्वती मिलती गई—ललित कलाओं के बाहर भी, रसोई और आत्मीय उलाहने तक में। मैं पानी-सा बहता रहा—धर्मों और

संस्कृतियों के बीच, भू-राजनीतिक हदों के बाहर तक। मेरी विह्वलता ललित कलाओं की जड़ों में काम और औदात्य का सत्त बहातीं ग्रीक म्यूज़ेज तक भी गई और यह हिमाक़त एक अध्याय की वजह बनी।...बुद्धि-विवेक की यह देवी मेरे विचलनों और वक्रोक्तियों के बावजूद मेरी चेतना की रीढ़ बनी रही, मगर एक दिन...

एक दिन नहा रहा था कि एक पंक्ति झलकी—उन नैनों को किन नैनों से किस विधि ढूँढ़े और निहारे!...और फिर कई पंक्तियाँ कुलबुलाने लगीं। मैं साबुन-पानी से लथपथ बाहर आया...रूम तक गया, फ़ोन लेकर आया...और लिखने लगा...गीले बदन से पानी टपकता रहा...कोई दस मिनट में पूरी हुई यह कविता, और मुझे लगा मैं गिर पड़ूँगा। वार्डरोब पकड़े खड़ा रहा थोड़ी देर, फिर लगा मैं एक बालक हूँ—माँ की आँखों के खुले आकाश के नीचे नंगा और रोता हुआ। मैं सचमुच रो पड़ा...आँसू बहते रहे और मैं यूँ ही खड़ा रहा...दृश्य पलटा और लगा यह एक पुराना ग्रीक खँडहर है और सामने एक म्यूज़...उसने मेरे आँसू पोंछे..., उसकी उँगलियों के पोरों पर गीले शब्द सटे थे...बानी को क्या बैन पुकारे!

हौले-हौले मैं रिक्त होता गया। जो रचा उसके प्रति संशय बढ़ता गया। अपनी तुच्छता के गहरे बोध ने भी घेरा। मुझे लगा प्रतिमा उदास है। विसर्जन की घड़ी आ गई है। आ गया है रचवैये की मृत्यु का क्षण...और एक रात मैंने एक स्वप्न देखा मेरी कलम विनशन में उठी रेतीली आँधी में दफ़्न हो रही है।

बहरहाल, इस यात्रा में दो चेहरे ध्रुवतारे की तरह सदा साथ रहे। एक तो अपने संस्कृतज्ञ बाबा दिलीप शर्मा जो इस जगत से तब गए जब पिता सिर्फ़ तीन साल के थे, और दूसरे बाबा अलाउद्दीन ख़ान जो वीणा के सुरों को खोजने के लिए आठ साल की उम्र में घर से निकल गए थे और सिद्धि प्राप्त करने के बाद मैहर के त्रिकूट पर बसी शारदा के सान्निध्य में अपनी साधना को नये आयाम देते रहे थे। मैंने इन दोनों को कभी नहीं देखा। अलाउद्दीन ख़ान की तो तस्वीरें और वीडियो क्लिपिंग्स उपलब्ध हैं, उनका घर है और मज़ार भी जहाँ आप जा, गा और रो सकते हैं।...और मैंने बिलकुल यही किया। कोविड का अल्फा वेव जैसे ही छीजने लगा, घर से निकला और मैहर पहुँच गया, और उस जगह पर बैठ अपने बेसुरे जीवन को कृतार्थ किया जहाँ कभी बाबा

अलाउद्दीन ख़ान राग मालाएँ सजाते थे। त्रिकूट से उतरकर बाबा के बंद घर को घेरे खुले अहाते में गया। वहाँ कच-कच हरे का आलोक फ़ाइल था। कितने वृक्ष और बिल्व फल के कितने! इतने और ऐसे बिल्व फल! शिवपुर में जन्मे बाबा ने तो मानो 'शिव-पुर' बसा रखा है! संस्कृत साहित्य का सौन्दर्य मेरी आँखों के आगे झूल रहा था। बिल्व-पुराण शीर्षक काव्याख्यान के सूत्र यहीं मिले। अहाते की वानस्पतिक गंध में एक मादकता थी। घूमते हुए मैंने रागों की बारिश में पनपी उस प्रेमकथा को भी महसूस किया जो पुरुष-ग्रंथि से टपके अम्ल की बौछार से अ-काल-कवलित हो गई थी।...सामने बाबा की मज़ार थी, मगर मुझे यही लगता रहा कि वे सुपुर्द-ए-ख़ाक नहीं सुपुर्द-ए-सब्ज़ हुए हैं। शिवपुर वाले इस बाबा को तो फिर भी महसूस कर पाया, देख पाया उनका लिखा और पढ़ पाया उनके बारे में, अपने बाबा का तो कुछ भी नहीं। उन्हें तो बस अपने अन्धकार में देखा और अपने मौन में सुना। कई बार लगता है कि इस किताबिया को बाबा को ही लिखना था, मैं तो बस इस रिक्थ का राही...

रिक्थ में रास्ता! और रास्ता भी ऐसा कि न उद्गम पता, न गन्तव्य का अनुमान। एक कवि को और क्या चाहिए!

अज्ञात अतीत के गीत और आख्यान मेरे पाथेय अवश्य रहे मगर चल तो आज में ही सकता था—आनेवाले कल की तरफ़, एक रास्ते की तरह।

रिक्थ जो रास्ता था, रास्ता जो रिक्थ हो जाता है!

वसन्तपंचमी, 2025 **—विनय कुमार**

आभार

अगर भारत की ज्ञान-सम्पदा और लोकव्यापी परम्पराओं में सरस्वती और संसार के विभिन्न भागों में विकसित संस्कृतियों में उसकी समरूपाएँ न होतीं तो 'श्रेयसी' सम्भव न होती। मैं नवनवोन्मेषशालिनी प्रज्ञा के स्वरूप और प्रक्रिया के प्रस्तावकों और मनीषियों के प्रति विनत हूँ।

आभारी हूँ पूर्वज कवियों का जिनकी महाकाव्यात्मक यात्राओं के उदाहरण प्रेरणा और ऊष्मा देते रहे। जाने-अनजाने जिन स्रोतों से बौद्धिक पाथेय मिला, उनका कृतज्ञ हूँ।

विह्वल हूँ हाल ही में दिवंगत हुए अपने गुरु रामावतार सिंह को खोकर। संस्कृत, तत्समता और छन्द की जो थोड़ी-बहुत तमीज़ है, वह स्कूली जीवन में चार वर्षों के गुरु-सान्निध्य से है। यह उनकी ही दीक्षा थी कि मेडिसिन और साइकाएट्री की वैश्विक दुनिया में रहकर भी मैं भारतीय और कवि बना रहा। शिष्य की कृति को हाथ में थामकर भर आने वाली आँखों की स्मृति को प्रणाम करता हूँ।

ऐसी यात्राओं में पथ-मित्र तो चाहिए। मेरा सौभाग्य कि प्रातिभ आत्मीय मित्र संवाद के लिए प्रस्तुत ही नहीं उत्सुक भी रहे। मुझे अनुमान है कि उन्हें अपने नामोल्लेख में कोई रुचि नहीं मगर कृतघ्नता होगी अगर कुछ नाम न लूँ। कुमार मुकुल ने न केवल डॉ. मुहम्मद इसराइल ख़ाँ की किताब 'संस्कृत साहित्य में सरस्वती की कतिपय झाँकियाँ' उपलब्ध करवाई बल्कि बतौर श्रोता, पाठक और प्रूफ़रीडर भी साथ रहे। प्रो. के. के. नारायण सदा की तरह मेरे संदर्भ स्रोत रहे। क्या पूरब और क्या पश्चिम, दोनों दिशाओं की ज्ञान-राशि में उनकी पैठ ऐसी कि दस्तक देते ही एक गिलास बारिश मिल जाती रही। शिवकिशोर तिवारी कविता के अद्‌भुत पाठक और अपनी तरह के आलोचक हैं। आपने पूरे पाठ से गुज़रने का श्रम किया और बहुमूल्य सुझाव दिए। आपके

सुझावों के बिना यह सम्पादित स्वरूप सम्भव न होता; कृतज्ञ हूँ।

राधावल्लभ त्रिपाठी जी संस्कृत साहित्य के गम्भीर अध्येता और आधुनिक चेतनासम्पन्न रचनात्मक व्यक्तित्व हैं। आपने इसे न सिर्फ़ रुचिपूर्वक पढ़ा बल्कि अपनी बहुमूल्य संक्षिप्त राय भी दी। आपका बहुत-बहुत आभार!

मेरे जीवन और रचना-परिसर का अस्तित्व मंजु जी की वजह से है। जलमन्नंसुभाषितम्—दैनिक जीवन के तीनों रत्न उनसे। इस बार भी वे मेरे लिए सम्प्रेषणीयता की पहली कसौटी रहीं। बेटी आस्था जो कई अर्थों में मुझ जैसी है, कविताएँ पढ़कर मुस्कुराती और कहती रही—हम्म!

कवि तो अन्धकारक होते है—अपने अचेतन के अन्धकार को पाठक के अचेतन पर प्रपात की तरह गिरानेवाले, मगर यह यात्रा एक प्रकाश मार्ग से होती है जिसे बड़ी तन्मयता और सुन्दरता से सम्भव किया है टीम राजकमल प्रकाशन ने।

तो प्रिय पाठक, अब 'श्रेयसी' आपकी!

वसंत पंचमी, 2025

—विनय कुमार

सर्ग

नांदी पाठ

तन-मन के जठर में जेठ
आँखों में आर्द्रा की पहली बौछार
निविड़ नेपथ्य में भादो की कीच
विचारों में शरद की निथरी सुथराई
साधना में दीर्घ तमिस्राएँ हेमन्त की
कहन में शिशिर का निर्मोही विद्रोह
और चेतना में मेरी वसन्त के वन

हे मेरी सरस्वती,
तुम बूझो क्या है यह
बड़ी-सी प्रार्थना या
छोटे-से कवि का सहज ऋतुचक्र!

वाणी

मुझे क्या खोजना
कि मैं तो स्वयं एक खोज हूँ
जो काली स्लेट पर
खड़िया की आड़ी-तिरछी डगमगाहट
और काट-कूट से शुरू होती है!

1

मैं विराट मौन के अवाक् पर्वतों से फूटी और
धरा की ध्वनियों के बीच यूँ बही बलखाती
कि तट पर शब्दों के अम्बार लग गए
अनन्त में रेखाएँ खिंच गईं रंग छितरा गए
और मेरी गति की गूँज ने कण्ठों में राग भर दिए

पृथ्वी के भीतर किसे ढूँढ़ते हो ज्ञानियो
पार्थिवता कब मेरा स्वभाव
मैं तो सदा से यहीं या कभी नहीं कहीं

किस त्रिवेणी का मानचित्र लिये घूम रहे
किन-किन नगरों के नाम
मुझे इनसे क्या लेना
जहाँ मैं संवेद्य वह कोई और त्रिवेणी है

ढूँढ़ना है मुझे तो कला के आविर्भाव में ढूँढ़ो
कविताओं के स्वभाव में
जहाँ पवित्रता के उजास और
साँवले क्षणों की लीला के रास को
मेरी अदीख लहरों ने थाम रखा है।

2

आज मैं चेतना की बात करना चाहती हूँ
यानी उस धारा की जिसके होने से
पृथ्वी जीवित शब्दों में लिखी
कविता की किताब हो जाती है

और उस ऊष्मा की
जो बोले तो पर्वत का हृदय खुल जाता है
और मौन हो जाए तो सारा प्रवाह पर्वत

मैं उस पर्वत की भी बात करना चाहती हूँ
जो कभी भाप था
और ऊष्मा के गहन मौन ने
उसे जीवन के पक्ष में समाधिस्थ किया

मैं उस शिवालिक की बात करना चाहती हूँ
जो कई नामों से पूरी पृथ्वी पर
और सारे मनुष्यों के भीतर पाया जाता है

वह मेरा मायका है जहाँ मैं माँ बनकर जन्म लेती हूँ
और पावस-काय पिता बनकर प्रेम करती हूँ।

3

जब जो दिखा सो कह दिया
कहते-सुनते कुछ खो गया कुछ रह गया
जो रह गया उसे बाँचा
और कभी-कभी जाँचा
मगर उसका क्या जो खो गया
वहाँ भी हो सकते हैं सत्य
जहाँ तुम गए नहीं
और गए तो बूझे नहीं

ग्रंथ का होकर रह जाना
ग्रंथियों की संख्या बढ़ाना है
ज्ञान बस वही नहीं जो पा चुके
वह भी जो पाना है

और अगर आगे जाना है
तो पहले मेरे अलंकरण, आवरण
और रूप की रेखाएँ मिटा
खो जाने दे वह मूरत
जो पुरातन कवियों के ध्यान से बनी है

मूर्ति तो मृत्यु का स्मारक है
वही तो बाधा जो रोकती मानस के अणुओं का विस्फोट

मैं प्रतिपल जन्म लेती हूँ
कि निरन्तर वृद्ध होती माँ नहीं
एक क्रिया हूँ जो युवती एक कोशा जो शिशु
कच्चे द्रव्य से जिसके सम्भावना की किरणें छिटकती हैं।

4

जिन्हें विश्वास कि ब्रह्मा हुए—उनकी जय
और जिन्हें यह भी विश्वास कि ब्रह्मा ने मुझे रचा
—उनकी एक और जय

मगर जिनका यह अनुमान कि मुझे रचने से पहले
ब्रह्मा ने कमल का आसन और शुभ्र वस्त्र भी रच लिया होगा
उन्हें समझाओ कि शम्पाएँ वस्त्र नहीं पहनतीं
किरणें दुकूल धारण नहीं करतीं

जिस पृथ्वी से तुम्हारी देह, उसने भी क्या पहना है
कहोगे—प्रकृति
हाँ, प्रकृति जिसका सारा व्यापार नग्न

ऋतुएँ क्या पहनती हैं क्या पहनती हैं नदियाँ
और समुद्र और उसकी लहरें जो नाचती भी हैं

सृजन के ब्रह्माण्ड-व्यापी संयोग-वियोग में
कैसी और किसकी काया
क्या आसन
क्या कक्ष
क्या पर्यंक
क्या वस्त्र

मेरी सन्तानो,
मैं बर्फ़ और आग पर पसरी धूप हूँ
ज्योत्स्ना हूँ
कमल और कुलिश पर समान भाव से सोती हुई

मेरा कोई रूप नहीं कि रूप तो रचना का
रचने का क्या रूप, क्या रूप क्रिया का
अधिक-से-अधिक कुछ रेखाएँ जहाँ कुछ आदि संकेत
कि सृजन के विराट व्यापार में कौन हूँ मैं।

5

कोई मन्दिर मेरा घर नहीं
कोई पूजा नहीं पहुँचती मुझ तक
क्यों कहूँगी मैं कि पवित्रता के घाट से होकर आओ

मैं तो सब के कण्ठ में बसती हूँ
विराजती हूँ सब की जीभ पर

जन्म से जल हूँ
सदियों पखारा है तुझे
धोए हैं जाने कितने पाप और शाप
पिए हैं तीनों ताप

भला किस नदी के जल से नहाकर आओगे
अपने भीतर बहती नदी के पास!

6

अपने नाम के मन्त्र और सूक्त में ही नहीं
अपने प्रतिवाद और विरोध के दर्शन में भी रहती हूँ

काव्य तो काव्य गाथा तो गाथा
मशीनों के शोर और अंकों के जोड़ के नेपथ्य से
व्यापार के गणित की पोथी तक मेरा अधिवास

मेरा जल सब की मेधा की जड़ों को सींचता है
मेरी पुस्तक में सब के विचारों के लिए स्थान

अमल और धवल शब्दों का आग्रह छोड़ दो
कि मैं तो रतनार नैनों के फाग और
रति-मन्मथ के लाल और गुलाबी राग में भी गूँजती हूँ

मुझ सर्वगामिनी का क्या विग्रह
कि मैं तो अधूरे वाक्यों, मात्रा-भ्रष्ट छन्दों,
अशुद्ध शब्दों और टूटे अक्षरों में भी रह लेती हूँ!

7

मेरी उजली दिव्यता पर मत जाओ
मैं एक गहरी उदासी हूँ
सोने जैसी फ़सलों से पटे खेत की मिट्टी
और पीताभ मंजरियों की डाल की तरह धूसर
निर्जन नेपथ्यों में अलक्षित रहना मेरा स्वभाव

मैं अपनी ही आँच में गलती आत्मा की विह्वलता हूँ—
गर्म और तरल

साँचों में ढले आकार
भाषा में बोलते विचार
और रागों में बँधे उद्गार तुम्हारे हैं
तुम्हारे हैं सृजन के सारे त्योहार
मेरी प्रकृति में उत्सव का कोई स्थान नहीं

मैं तो बाद की शान्ति
जहाँ लोग नहीं, उनकी परछाइयाँ
उनके हर्ष उनके विषाद
उत्साह और असन्तोष
और रोष और आक्रोश के दाग़

सन्नाटे की सोमलता हूँ मैं
जगत के ताप से सीझती

उत्सवों के उन्मन अन्तराल में आसवित होती हूँ
और निर्गुण नीर की बूँद बन
उस पात्र की जीभ पर गिरती हूँ
जिसे उत्सव का मोह नहीं।

8

रेशम पर स्वर्ण की कढ़ाई की कला ही नहीं
मैं वह दीठ भी हूँ
जो पृथ्वी के गर्भ में सोना
और कीड़े की देह में रेशम देखती है

मैं किसी भाग्यवान की हथेली नहीं
कर्म की रेखाओं के भीतर रेंगती
निपुणता की सम्भावना हूँ।

9

कभी नहीं जान पाएँगे भाव के रसिया
कि मेरी काया अभाव से बनी है
जिसे देखकर मुग्ध हैं वे
उस माया महल में मैं नहीं
न उस मंच पर ही जहाँ मेरी कथा
और उसका अभिनय

मैं तो वहाँ भी नहीं
जहाँ मेरे तथाकथित वरद पुत्र
पुराने से पुराने शब्द और नये से नये अर्थ लिये युद्धरत हैं

उस वन में मेरा क्या काम
जहाँ बीज और वर्षा अपने चक्रीय पथ पर गतिशील

मेरे प्राण तो वहाँ
जहाँ मेघों की आवश्यकता बसती है।

10

मुझे खोजते हुए मत चढ़ जाना पहाड़
शिलाओं की छातियाँ मत तोड़ना
पत्थरों में भी प्राण होते हैं
उन्हें भी अतिक्रमण अभद्र लगता है
और क्रूरता अत्याचार

जो नदी मर गई वह मर गई
उसे खोजने का दुराग्रह
उसे रचने के दुस्साहस जैसा
तुम इतना कौशल और इतना बाहुबल
नहीं अर्जित कर पाए हो
कि बादलों को समेटकर
शिवालिक के माथे और कंधों पर निचोड़ दो

मान लो कि तुम मुझे खो चुके हो
पर जान लो कि मैंने अपने प्रवाह का आकार
और जल का प्रसार-भर खोया है, जल नहीं

मेरा जल इसी जगत में बहता है आज भी
कुछ भी रचते हुए जब तृषा सताती है तुझे
मैं ही उपस्थित होती हूँ

तुम्हारे भीतर मेरा प्रवेश
उस वृक्ष की छाया का प्रवेश है
जिसकी शरण में आगे का मध्यम मार्ग सूझता है।

11

गुफाओं के अन्धकार में मत ढूँढ़ना मुझे
निर्जनता के मौन में नहीं रह सकती मैं
न तपस्या मेरा स्वभाव

और सुनो, हेरते-हेरते हारकर
टेरना तो बिलकुल नहीं
न शिला पर बैठकर बिसूरना
किसी देवदार से लिपटकर रोना भी मत

मुझे स्तुति भी नहीं रुचती
और अगर कातर हो
तो महान मूर्खता लगती है

मुझे क्या खोजना
कि मैं तो स्वयं एक खोज हूँ
जो काली स्लेट पर
खड़िया की आड़ी-तिरछी डगमगाहट
और काट-कूट से शुरू होती है।

12

पते की बात तो यही
कि किसी भी पते किसी भी ठिकाने पर
न कभी बसी और न ही बसूँगी

कि मैं तो क्रियाओं की क्रिया हूँ
होना और करना
और होते और किए जाते हुए को देखना
फिर देखे हुए को समझना
और समझे हुए को दिखाना और सहेजना भी

किसी देश किसी क्षेत्र की नहीं मैं
किसी धर्म किसी भाषा की भी नहीं

मेरी गूँज दीवारों के रोकने से नहीं रुकती
असीम के पास भी नहीं मेरी सीमाएँ
कुछ-कुछ पवन हूँ कुछ-कुछ पानी
वह कहानी जो हर भाषा के भीतर हर काल में बहती है

दरअसल भाषा भी एक कहानी है
जिसके भीतर क्रियाएँ बहती हैं
और उनके किए की कहानियाँ रहती हैं

फिर भी जानना चाहते हो मेरा पता तो सुनो—
मैं तुम्हारे नहीं होने से होने और होते जाने की ओर
बहती हुई अदीख धारा हूँ

मनुष्य के आकार को
मनुष्य देखने की कामना और कोशिश
कहीं से कहीं बह सको तो मिल जाऊँगी ज़रा-सा
होने और करने में सजग-संलग्न रह सको तो ज़रा-सा और

काल और स्थान की न्यूनता में निवास है मेरा

फटते मेघों की रात
जुगनुओं की कौंध में देखना सीख सको
तो दिख सकती हूँ मैं

मिल सकती हूँ अगर भूल सको अपना नाम और पता
उतार सको सिर पर उठाए स्तूप
और वस्त्र और अलंकार
परे रख सको देह का पिंजरा

मिल सकती हूँ
अगर क्षणों से छिटकती किरणों में जी सको
पल-पल मरते हुए।

13

वह मानस जिसने तुझे मनुष्य बनाया
वही तुम्हारी सीमा भी
स्वयं से इतर जब भी सोचते
सबसे अधिक सोचते स्वयं को
तुम्हारे जगत का बोध स्वयं का अनुवाद-भर

क्रिया को काया न पिन्हाते
तो कोई भी देवता रूप नहीं धरता

और कोई भी देवता होता ही क्यों
अगर तुम्हें अपनी भुजाओं में आकाश को बाँधने की चाह न होती
न होती तड़प अनन्त को गाय की तरह दुहने की
सितारों को प्रिया के दुकूल पर देखने की लालसा न होती
सीझते अंगूरों के बीच चन्द्रमा की एक फाँक रखकर
आसव चुआने और चखने की वासना न उफनती

कोई भी देवता होता ही क्यों
अगर जगत के असीम विस्तार और अनगिन विविधता से
कवि, कलाकार और चिन्तक नहीं
किसान और राहगीर की तरह मिलते
प्रसन्न होते आँगन में दौड़ते उस बालक-से
जो मिठाई ही नहीं मिट्टी के स्वाद में भी मगन

मगर तुम्हें तो अपना प्रति-संसार बसाना था
और वह भी अपने लिए
अपने इशारों पर नाचनेवाले देवता और कथा
जिसमें घुसकर भोग सको एक असम्भव सुख
जैसे गंधमादन पर्वत पर उर्वशी

अपनी छोटी-बड़ी आकांक्षाओं को
देह और लिंग और वस्त्र-आभूषण और पद देनेवाले प्रिय मनुष्य,
सब जानती हूँ मैं
सम्भावनाओं को इन्द्रिय-गत करती क्रिया की क्षमता से क्या छिपा रे!

14

कर्ता है तू, जैसे तुम्हारा ब्रह्मा
मन उमड़ता है उसके लिए
कि यही होता कर्ता के साथ जो उसके साथ हुआ
(कि तुमने किया?)

देकर अपना सत्त और सौरभ
खिल चुके कमल को मुरझाना ही होता
चाहे वह क्षीर के समुद्र में लेटे विष्णु की नाभि से ही क्यों न उगा हो
तरल अन्धकार से प्रकाशित-अप्रकाशित असंख्य पिंड रचने का
विराट दायित्व ही क्यों न निबाहा हो

एक दिन
किसी मन्दिर के अँधेरे गर्भगृह में बंद कर दिया जाता है

मर जाता है कर्ता
अपने हिस्से की क्रिया के समाप्त होते ही

क्रिया नहीं मरती
बहती रहती है कर्ताओं के स्मारकों के बीच से
नये कर्ताओं के लिए मार्ग बनाती

मैं शुद्ध नहीं रे
मुझमें ब्रह्मा की चेतना के सूखते जाने की उदासी है
और तुझ जैसे अनगिन कर्ताओं की मिट्टी और राख के रंग का शोक भी!

15

मैं प्रश्न हूँ
आदि पृच्छा
जिज्ञासा अनन्त
उत्तरों के टापू नहीं रोक सकते मेरा प्रवाह

पर्वतों की कोख से जन्मी कोमलता हूँ मैं
जानती हूँ पत्थरों की सीमा
ऊँचा होने या होते जाने का अर्थ यह नहीं
कि अपार हैं वे

मेरी दिव्यता के दर्शन का बखान
असत्य है अज्ञान है
मैं तो एक अमूर्त अकथनीयता
जो कविता में बिंबों का आह्वान करती है

दिव से नहीं आती मैं
अधोगमन नहीं मेरा स्वभाव
एक सहज-सी तरलता हूँ
पृथ्वी की त्वचा के आर-पार बहती हुई

उठती हूँ उत्तप्त दिव की सरलता में
ढूँढ़ती हूँ सृष्टि की जटिलता के सूत्र

ज्ञान-अनुमान के कणों से रची कादम्बिनी
टप-टप टपकता मेरा जल
मिट्टी के मानस तक विकल विनम्र बहता जाता
दिव्य से इतना-भर नाता।

16

उज्ज्वलता में दूध माँगता प्रभात है
वीणा में लोरी माँगती सन्ध्या
कमल में मनचाही गोद की कोमलता
हंस में आत्मा का उड़ता हुआ प्रकाश

और यह पुस्तक तुम्हारे ज्ञान की गुल्लक है

यह मैं नहीं तुम हो
बोध-अबोध के बीच देह छोड़ विस्मित खड़े तुम

यह मेरा विग्रह नहीं उस शिशु के आग्रह हैं
जो तुम्हारे साथ तुम्हारे पौरुष के वन तक आ गए हैं।

17

विवेक यह नहीं
कि मेरा हंस क्षीर पीता है
और नीर छोड़ देता है

विवेक तो यह बोध
कि क्षीर में नीर होता है
और यह सन्तोष कि क्षीर-भर नीर पीता है
और यह चेतना कि भरनी है उड़ान
तो उदर में सुषमिध् हो लालच का भार नहीं

विवेक तो अपनी बहिरन्तर निष्कलंकता का ध्यान
कि रोम ही नहीं सोम भी धवल हो
और यह आत्मीय सम्मान
कि मैं जिसका वाहन वह स्वयं नीरा है।

18

वीरासन से उठो तर्क-प्राण
पद्मासन भी रहने दो
इस आसन में कविता रह सकती है
भावक के लिए सुखासन ही ठीक है
खोल दो जोड़ों के सारे तनाव और ताले
देह और मन के सारे कपाट

तर्क और बुद्धि की रेखाएँ
अपने ललाट के सहज विस्तार में खो जाने दो

भाव हवा की तरह आएँगे
तुम तनिक लम्बे धुले और सूखे बालों की तरह मिलना
जड़ से फुनगी तक करना अंगीकार
गति और दिशा के साथ जाना थोड़ी दूर
बँधे हुए शावक-सा ही सही
मगर भर लेना कुलाँचे दो-एक

कविता ऐसे ही पढ़ी जाती है

अन्वय नहीं हो सकता मेरा
तुक मिटा देने से कविता नहीं मिटती
मैं कोई अर्थ नहीं कविता अर्थ नहीं होती
वह तो बस होती है जिसमें

कोई चाहे तो रख दे अर्थ भी
और चुनना चाहे कोई तो चुन ले
वह भी जो नहीं रखा गया

वे छंद जो कहते—सरस्वती है तो सृष्टि की लय है
उनके साथ जाना थोड़ी दूर...बस थोड़ी दूर
मिल जाएगी कोई न कोई लहर लय की बेचैन

अब लय होगी और तुम, तुम और लय
और तुम जब लौटेंगे तो अकेले नहीं
तुम्हारी भाषा में बोलती और आँखों में डोलती
एक नई सरस्वती अवश्य होगी तुम्हारे साथ
और तुम समझ जाओगे
कि सरस्वती और सृष्टि की लय का सम्बन्ध क्या है

कविताएँ ऐसे ही समझी जाती हैं।

19

"भगति हेतु बिधि भवन बिहाई। सुमिरत सारद आवति धाई॥
राम चरित सर बिनु अन्हवाएँ। सो श्रम जाइ न कोटि उपाएँ॥"

चुल्लू में तुलसी के बहुत जल
जल के सब रूप
चुल्लू भी मिट्टी का
—शोधने में समर्थ
शोधते हुए रचने की थकान को समझो
लेखनी भी थकती,
उँगलियाँ शरीर और मानस तो मर-मर कर जीते
फिर भी कोई इच्छा-भर कहाँ कभी रच पाता
और रचते-रचते बस मरने-भर बच पाता

चतुर होते कवि
तुलसी भी था
मेरे अवतरण की श्रान्ति का उपचार
है उसके रचे में, पहले ही कह गया
रचना भी था उसे महा आख्यान
श्रान्ति तो होनी थी उसे भी मुझे भी

किन्तु मेरे जन्मे-अजन्मे साधक
तुलसी के कहे से भरमाएँ नहीं
दानव की कथा हो कि देव का काव्य

अश्रु-स्वेद-रक्त-सनी गाथा कि प्रार्थना
मसि हो कि रंग
सबका जल हरता है मेरे अवतरण की थकान

स्वर ही सरोवर
गाते हुए कण्ठ तक जो जाए
दुग्ध या कि मदिरा

सृजन तो प्रेम और प्रसव का परिसर
साथ-साथ रहती
भक्ति और वासना उपमा-उपमान बन

हँसें अगर तुझ पर तुलसी के पुजारी
पार्थिव-अपार्थिव पावन-अपावन का प्रश्न उठाएँ
तो पढ़ देना रामचरित मानस का दोहा
—वही जो अन्तिम है :
"कामिहि नारि पियारि जिमि लोभिहि प्रिय जिमि दाम।
तिमि रघुनाथ निरन्तर प्रिय लागहु मोहि राम!!

20

जो अपने दुःख की क़लम से लोगों के दुःख लिखते हैं
मैं उनकी चेतना की रसोई में गृहिणी की तरह रहती हूँ

जतन तो बहुत करना पड़ता है
कि उनके भंडार में अन्न से अधिक भूसा
जल भी आता उस अन्धे कुएँ से सूझता नहीं जहाँ हाथ को हाथ
और मर्म पर पड़ती हुई चोटों से पैदा करनी पड़ती है आँच

बड़े धीरज से पकाती हूँ—बहुत कुछ
कभी-कभी कामना के तलैया की करारी कमल ककड़ी
नमक-नमक प्रेम और पुदीने-सी चुहल के साथ
और साथ इसके आसव तो अबाध

मैं किसी को भूख और उदास एकरसता से मरने नहीं देती

कई बार शब्दों में नीम का रस भी रखती हूँ
लेकिन तब वाक्यों के अर्थ में
शहद के स्वप्न रखना नहीं भूलती
और न ही नीम के पत्तों की छाँव

ठेठ गाँव की गृहस्थिन हूँ मैं
जानती जीवन और जगत के जंगलों के रहस्य

तभी कर पाती वे चमत्कार जिनके स्वाद की गूँज सदियों के आर-पार

रचवैये की रसोई चलाना धन-साधन के बूते का नहीं
यहाँ भूख और स्वाद और तृप्ति सब अप्रत्याशित।

21

जो अपने दु:ख की क़लम से लोगों के दु:ख लिखते हैं
मैं उनकी जागती हुई नींद में गुलाब की पंखुड़ियाँ
और मोगरे की महक रखती हूँ
रक्त में उनके घोलती हूँ कामना की आँच
और उन्हें उस रूप तक ले जाती हूँ
जिसे देखते हुए धधकते वनों के बीच भी नहीं डरते वे
और न ही उन महानुभावों से
जो उनके शब्दों की ओट में अपना नायकत्व खोकर
एक लम्बी तलवार में बदल जाते हैं

जो अपने दु:ख की क़लम से लोगों के दु:ख लिखते हैं
मैं उनके प्राणों की कलाई में विवेक को राखी के धागे की तरह बाँध देती हूँ
पर्वतों-समुद्रों-सरहदों के पार ले जाती हूँ उन्हें
यह समझाते हुए कि मानव के दु:ख-सुख के चेहरे एक से नहीं
वे भी मनुष्यों के चेहरों की तरह अलग-अलग दिखते हैं
सब को चीन्हना और जानना भी दु:खों के विरुद्ध धर्मयुद्ध लड़ना है

जो अपने दु:ख की क़लम से लोगों के दु:ख लिखते हैं
मैं उनके घावों पर मरहम की तरह बरसती हूँ
और टूटते प्राण पर अमृत की बूँद बन

यातना की काली कोठरियों में सुबह की प्रतीक्षा गाती हूँ
और निर्वासन के रेगिस्तान में आषाढ़ की आशा

अभाव के सूने में भाव-सी उमड़ती हूँ मैं
कम में कमी महसूस नहीं होने देती, न एकान्त में अकेलापन

माना कि मैं नदी नहीं सदा
लेकिन आँसुओं से भीगे गाल तो नदी की आवाज़ से भी धुल जाते हैं।

22

मानसी हूँ मैं, मेरा कोई लोक नहीं

और मानस में भी अकेले कहाँ
पुराकथाओं के सारे पात्र बसते हैं यहाँ
और सब अपनी-अपनी प्रवृत्ति के अधीन

मैं ज्ञान को मत में बदलने से नहीं रोक पाती
न मत को पूरा और अन्तिम ज्ञान माने जाने से
नहीं काट पाती उनके बढ़े नख और पैने श्वान दाँत

मैं हिंस्त्रता की सँकरी गलियों से रोज़ गुज़रती हूँ
और कई बार किसी शीत युद्ध में
बुरी तरह घायल कर दिए गए
सैनिक के जैसी भी दिखती हूँ, किन्तु सब को नहीं
सिर्फ़ उसे जो मतों के अन्तर के बीच खड़ा है

सुकरात के पैरों का काँपना सबको दिखा था
लड़खड़ाकर गिर जाना भी
किन्तु मेरा उसकी जीभ पर बने रहना किसी को नहीं
और कौन उसके भीतर जब कहा था उसने—
सारा दर्शन मृत्यु के लिए प्रशिक्षण है

और ब्रूनो
जिसके भीतर के दर्पण में एक दिन
सौरमंडल अपना सौन्दर्य निहारने आ झुका था
और जब उसने इस चमत्कार का रहस्य खोला था
तो उसे अग्नि में झोंक देने का आदेश हुआ था
मैं उसकी जीभ पर राख हो जाने तक रही थी
और तब तो ख़ैर थी ही जब कहा था उसने—
दंड पाने से मैं नहीं, उसे देने से तुम डरो

वे फ़क़ीर जो अपनी बात कहने के लिए मार दिए गए
उनके साथ मैंने भी कोड़े खाए हैं
मैं भी कटी हूँ एक तनी हुई गर्दन की तरह
तहख़ानों के अँधेरे में यातना के काँटों पर मैं भी सोयी हूँ
कि ईसा के होने में होकर
सलीब और कीलों से कैसे बच पाती

मार देने से मर जाती है देह
मानस अपने किए और कहे में जीवित रहता है
जैसे—मंसूर का अनलहक़ या ईसा का करुण क्षमादान

मेरी अमरता कथित नहीं, अर्जित है।

23

मैं जिस देह में प्राण की तरह रहती हूँ
उसके दु:ख उसके रोओं से भी ज़्यादा
कि उसकी साँसें दु:ख से भीगी हवा में ही ठीक से चलती हैं

बाग़ों से झरे-मरे फूल, रौंदी पंखुड़ियाँ
और अधमरी तितलियाँ चुनकर लाता है वह
और साहिल से वे घोंघे और शंख
जो समुद्र में वापस नहीं जा सके

मगर पवित्र नदियों के तट पर बिखरे मन्त्र नहीं चुन पाता
कि वह तो विषाक्त नैवेद्य और नाहक मारी गई मछलियों के
सम्बन्ध की पड़ताल में ही उलझा रह जाता है

संगीत के नशे में भी पड़ोसी की घुटी चीख़
सुन लेते हैं उसके कान और आँखें
बादलों की ओट में हुए क़त्ल की गवाह बनती हैं

बूटों के नीचे टूटते स्लेट
और अपराधी हाथों से फटते काग़ज़ात का रोना
उसकी नींद के ताबूत में भी जा घुसता है
और वह डरावने दु:स्वप्नों की कँटीली झाड़ियों के बीच से
एक घायल सूर्य की तरह जाग उठता है

मैं जिस देह में प्राण की तरह रहती हूँ
प्रकृति का सारा व्यापार उसका देश
वह मृत्यु की अमरता के घर में रहता है
जैसे मसानों की रातों में शिवत्व साधता एक दिगम्बर
जिसके क्रुद्ध तांडव से ही नहीं प्रेम से भी आन्दोलित हो उठती है पृथ्वी!

24

वह भविष्य
जिसे अपने अचेत मौन में टेरती है—
जीवित और जीवित हो सकनेवाली मिट्टी
उसके बीज की कूट लिपि तुम्हारे अंकों वाले मन्त्र नहीं लिख सकते
न गढ़ सकते उसके रूप की रेखाएँ तुम्हारी अब तक अर्जित निपुणता के यंत्र

उस अजन्मे के आधे गुणसूत्र उस संस्कृता की देह में हैं
जिसके बाल तुम्हारी सबल मुट्ठी में
और वस्त्र तुम्हारी आँखों के रंग से रँगे हैं
उसकी ग्रीवा पर सुनहरे रेशम का दबाव इतना अधिक
कि नयन रतनार और साँस की चादर तार-तार
किन्तु वे तार टूटे हैं जिनमें प्रेम का संगीत सोता है

अरे ओ, मोर के पंख नोच
कमल से चिकने गालों पर फिरानेवाले लम्पट युगपुरुष,
तू उस भविष्य का पिता कैसे हो सकता है
जिसके अंग ही नहीं चित्त का आकाश भी सुन्दर हो?

25

तिनके की तरह बिखरे तत्त्व मिल जाएँ तो देह बनती है
देह जो प्राण का घर है

यह विचार गौरैया को देखकर आया था
जिसका घर सृष्टि का पहला सुन्दर घर है
यहाँ गौरैया एक नई गौरैया को जन्म भी देती है
और एक अनोखा घर भी
पत्तों और फलों वाले पेड़ के साथ

मैं आज भी इस जीवित और जंगम प्रसंग को
एक आख्यान की तरह देखती हूँ और मानती हूँ
कि पेड़ पर बसा हुआ घोंसला
सृष्टि का पहला और सबसे सुन्दर आख्यान है

मुझे ठीक-ठीक याद है—
गौरैया के घोंसले ने ही ध्यान दिलाया था
कि अनुभव ने कल्पना के साथ अपना घर बसा तो लिया है
किन्तु नवजात मन्त्र-पंक्तियाँ
मानस और वन की वीथियों में भटकती फिर रही हैं

तभी कहा था मैंने—आख्यान में बाँधो
पेड़, घोंसला और गौरैया की तरह
जिसे मृत्यु छू भी नहीं सकती

कि वह भी तो यहीं जीवित रहती है
ऋतुओं और रातों के वस्त्र पहने, देखती गौरैये की उड़ान

आज जब गौरैयों की तरह उड़ती कथाओं से भरे
इस विशाल वन को देखती हूँ तो सोचती हूँ
कि आख्यान के घर न होते तो कितने मन्त्र मर जाते
जैसे नई भाषा में स्वयं को अनूदित करते लोक के घर में
स्मृति के झरोखे से गिरकर बूढ़ी कहावतें मर रही हैं!

कवि

जिसके उजास की उँगली पकड़
बिम्बों तक पहुँचा
उसके लिए बिम्ब कहाँ से लाऊँ

1

(खल्ली छुआना उर्फ़ इब्तिदा[1])

याद आता है वो पाकड़ का फैला-फैला दरख़्त
याद आते हैं वो अत्फ़ाल जो मेरी सिन के
याद आता है वो गर्द ओ ग़ुबार का चन्दन
याद आते हैं कई खेल जो भुलाए गए

याद आती है वो बाद ए सबा सी उड़ती सुबह
जब मुझे खेल से खींचा गया था हौले से
थाम के नर्म कलाई को सख़्त नर्मी से
दादी अम्मा ने कहा था कि चल नहाना है

घर के आँगन में कुएँ के जगत पे माँ बैठी
साबुन ओ पानी लिये मेरे इंतज़ार में थी
मुझको ऐसे रगड़-रगड़ के हाय नहलाया
गोया पाकीज़गी आती नहीं मुरव्वत से

सुन के रोना मेरा मौसी ने मुझे बहलाया
पोंछ के देह पिन्हाए मुझे नये कपड़े
खीर चम्मच से खिलायी तो वो मज़ा आया
कि एक और कटोरी गटक गया उस दिन

मैं कहाँ जानता था क्यों मुझे सजाया गया
मैं कहाँ जानता था आज कहाँ जाना है

मैं कहाँ जानता था क्यों नहीं पिता हैं यहाँ
चार पैसों के लिए शहर में मुलाज़िम क्यों

मैं कहाँ जानता था हैं कहाँ मेरे बाबा[2]
क्यों गए छोड़ उस जहाँ को जहाँ बीमारी
मैं कहाँ जानता था किस फ़लक से चश्म ए तर
देखते हैं मुझे भवभूति गुनगुनाते हुए

मैं कहाँ जानता था उनके पास ही ख़ुशरू
उनकी ईया भी मुस्कुराती हुई बैठी हैं
मायके से जो तह ए रूह लिये आई थीं
गर्द ए इरफ़ान जो बड़गाँव की फ़िज़ा में थी

है मुझे याद मगर पहने हुए धोती-क़मीज़
थाम के हाथ मेरा ले चले मेरे चाचा
शगुन के वास्ते खेतों की तरफ जेठ गए
दुआ ब लब कोई किसान जैसे जाता है

तब कहाँ जानता था खेत क्या दुआ क्या है
कैसे ला-इंतेहा सफ़र की इब्तिदा है ये
तब कहाँ जानता था कौन-सी डगर है वो
जो मेरे गाँव की गलियों से फूट जाएगी

अब नहीं है, मगर मेरे ज़हन में ज्यों का त्यों
एक मड़वानुमा सादा-सा ख़ाक का घर वो
लाल खपड़ों की छवाई के तले दो कमरे
एक ओसारा चहुँ ओर घूमता था जो

चाचा लेकर गए उसकी पनाह में मुझको
वैद बाबा वहाँ बैठे थे एक कुर्सी पर

पैर छूकर चचा ने मुझको सिखाया आदाब
और मैंने भी कुतूहल से वही दुहराया

मेरे चाचा ने कहा क्या, वो मुझे याद नहीं
वैद बाबा ने कहा क्या, वो मुझे याद नहीं
बस यही याद है—हम सब ज़मीं पे बैठे हैं
एक कमरे में जहाँ नीम रोशनी में चिराग़

एक लीपी हुई दीवार याद आती है
और लीपा हुआ नम फ़र्श झलक जाता है
पर कोई बुत नहीं तस्वीर भी नहीं कोई
हम ख़ला में किसी ख़ला से मुख़ातिब से थे

और चाचा ने तभी पोटली खोली तो दिखा
छोटे चावल हैं चन्द फूल डाट हल्दी की
एक पुड़िया में पड़ी तीन डली मिसरी की
और दो छोटे-बड़े सिक्के मुँह छुपाए हुए

वैद बाबा ने कहा—हाथ जोड़ लो बेटा
जल छिड़क मन्त्र पढ़े, सर पे हथेली रख दी
और बोले कि हे बीना-किताब वाली माँ
आज से इस अबोध को शरण में ले ले तू

और फिर हाथ में खड़िया की डली पकड़ाकर
थाम कर हाथ मेरा स्लेट पे घुमाने लगे
याद है मुझको वो खड़िया का घुमाना अब तक
याद है मुझको तीन लफ़्ज़ लिखे थे मैंने

सोचता हूँ कि आजू-बाज़ू होंगे ॐ नमः
बीच में जो बड़ा-सा था वो नाम तेरा था

शारदा भारती कि सरस्वती जो भी है
स्लेट पे मैंने तुझे लफ़्ज़-सा उकेरा था

खड़िया छूने की रस्म, हो तो गई थी पूरी
और उजरायी हथेली पे मिली मिसरी भी
पर मैं चुपचाप निकल आया था न जाने क्यों
मैं जो चींटी ज़बान, सब्र से बचाए हुए

तब कहाँ जानता था मोजज़ा हुआ है क्या
मुँहजुठी ज़हन की किस नूर के निवाले से
तब कहाँ जानता था फिर से पुकारूँगा तुझे
मैल में डूबी हुई रूह के उजाले से!

इब्तिदा—आरम्भ, अतफ़ाल—बच्चे, ख़ुशरू—सुन्दर मुख, गर्द ए इरफ़ान—दिव्य ज्ञान की धूल, मोजज़ा—चमत्कार

2

जो तुझे पूजे वह पंडित
जो बूझे वह ज्ञानी
और जिसे तू सूझे वह सिरजनहार
मगर जिसे तू ग्रस ले
उसकी आत्मा अबोध हो जाए
और वाणी सुबोध

आओ मुझे ग्रस लो
ग्रस लो सरस्वती

चुभ जाने दो
अपनी तीक्ष्णता की नोक
बह जाने दो अमरत्व की कामना
रचने-रचाने का अहंकार

अपनी स्मृति में संचित सारा अपाच्य
सारा अग्राह्य दे दो मुझे
कि यही तो पाथेय एक कवि का
अगर उसे अपनी जटिलता के भँवर
और गुंजल से मुक्त होना है।

3

तू ऊषा नहीं है
कि सबके आकाश में लालिमा छिटका दे

तू ऋतु नहीं है
कि सबके आम की डालों पर बौर आ जाएँ

तू चन्द्रमा नहीं है
कि अपने आने-जाने के बीच
प्रेम की सर्वव्यापी सम्भावना रख दे

तू वह भाषा नहीं है
कि सभी सीखनेवाले एक ही तरह से बोलें

तू क्या है तू सरस्वती
कि तेरा मौन सबका और मुखरता निजी?

4

तू गुफा नहीं जहाँ सदा रात
आकाश भी नहीं जहाँ सदा प्रकाश

समुद्र भी नहीं कि रत्न के लिए मंथन
अमृत के लिए महासंग्राम

जहाँ ज्ञान के वृक्ष और तपस्या के सूखे तड़ाग
वह वन भी नहीं तू

न वह ग्रंथागार ही जहाँ आँतों में और दाँतों के बीच
आधे-अधूरे अर्थ दबाए सोए हैं करोड़ों शब्द

तो क्या है तू?

वह नदी जो सूख गई
वह मूर्ति जो श्वेतवसना
वह देवी जो कथाशेष
वह जाड्यापहा जो मन्त्रस्थ?

बहुत ढूँढ़ा तुझे
मगर तुम्हारे उद्भव का कोई पता न पा सका

मगर आज मेरी वाणी, आज हुआ वह चमत्कार
मेरी साठवीं वसन्त पंचमी की सुबह
जब मिट्टी का कुल्हड़ भीगा
और मेरे लिखने के भीतरी और बाहरी कोने
पहली वर्षा में भीगे खेत-से महक उठे!

5

मैं अपनी कविता पर इतना मुग्ध था
अपने व्यक्त पर इतना आसक्त
कि आँखें उसी पर टिकीं
लेकिन कविता तो कविता
एक से दो हुई, और निकल गई एक प्रति पूरब की ओर

अब मेरा संकट यह
कि वह जो उत्तर में खड़ी उसे देखूँ
या उसे जो पूरब चली गई
सो हारकर एक आनन उधर भी उगा लिया
अब मैं देख भी सकता था
पुकार और चूम भी सकता था
लेकिन कविता तो कविता
शेष दो दिशाओं में भी छा गई
और इस तरह मैं चतुरानन हुआ

अब लगा वह सदा मेरे समक्ष
कि तभी एक प्रति उड़ चली
तो मैंने एक आनन शीश के ऊपर भी उगा लिया

यह अति थी

कविता ने अपने शिवत्व को पुकारा
और मेरा तीसरा नेत्र खोल
उसमें से भैरव को निकाल
मुझे फिर से चतुरानन कर दिया

यह संतुलन चल ही रहा था
कि एक दिन धृतराष्ट्र का आर्तनाद गूँज उठा
और तब समझ में आया
कि मोह क्या और कैसा होता है

सरस्वती देखो,
अब बस एक ही आनन है मेरे पास
और शेष चार मेरे आंतरिक संग्रहालय में नेत्रहीन पड़े हैं।

6

जिसके उजास की उँगली पकड़
बिम्बों तक पहुँचा
उसके लिए बिम्ब कहाँ से लाऊँ

कैसे बनाऊँ उसका चित्र
जिसने मेरे कोरेपन पर मुझे चित्रित किया

कैसे गाऊँ उसके राग
जो या तो सरगम के नीचे या ऊपर

कैसे बनाऊँ उस त्रिकालवाहिनी नीरा की मूर्ति
अतीत जिसके पैरों की छाप
और भविष्य जिसके बालों का घटाटोप

कहाँ से लाऊँ वह नौका वह विमान
जिस पर बैठ उसके आज के बहाव और विस्तार को थाह सकूँ

और कहाँ से लाऊँ इतने साल कि लुटाते-बहाते
उतर जाऊँ सात पाताल के भीतर
जहाँ उसके होने के रहस्य हो सकते हैं!

7

ध्वनियों की विविधता देखता हूँ
तो वर्णमाला विपन्न लगती है
रंगों की छटा देखता हूँ तो कम पड़ जाते हैं नाम
गंध के संसार में इतने नागरिक
कि उन्हें उनकी माँ के नाम से बुलाने के सिवा
और कोई चारा नहीं

शब्द-सामर्थ्य पर गर्व करती किसी भाषा का दैन्य
उनसे पूछो जो एक से अधिक भाषाएँ जानते हैं
और उनसे जो भाषा के इस तट से उस तट जाने के लिए
नाव तो नाव एक तिनके को तरस जाते हैं

सरस्वती, तुम एक अधूरी यात्रा हो!

8

होंठों से माँ का दूध पिया है
कानों से वाणी का
दोनों उजास
मेरी आत्मा के अँधेरे कमरे में
अदीख किसी आले पर
दिये की तरह जलते हैं

दोनों की सजलता से प्राणी हूँ
अन्न और जीवित देह के बीच
दोनों की भुजाओं ने बनाए हैं सेतु
मेरे होने में दोनों की अग्नि बसी है
और दोनों ने अपने-अपने हिस्से का आकाश दिया है

जैसे यह पृथ्वी
जो आकाश से आकाश में टपकी है
और चलती रहती है निरन्तर
मेरा अचल आधार है
वैसे ही आँगन में चलती हुई माँ
और नदी-सी बहती हुई वाणी की गोद

दोनों के वक्ष पर
मेरे तुतलाते-हकलाते पैरों की क्षणजीवी छाप पड़ी है

एक माँ की गोद से तो कब का उतर गया
अपर की अपार-ता का क्या करूँ
कैसे हो जाऊँ इतना बड़ा
कि अपनी पश्यन्ती के बाहर चला जाऊँ?

9

कथा को भी चाहिए एक पता—लौकिक और ठोस
जैसे हिमालय कैलास विंध्य और शिवालिक
सरस्वती गंगा यमुना नर्मदा कृष्णा कावेरी
क्षीर-सा उज्ज्वल और फेनिल समुद्र
और समुद्र के बीच, सोने जैसे नारियल के वृक्षों से भरा एक द्वीप

सरयू नहीं होगी तो पीएगी क्या अयोध्या
और सारे अर्थ लुटा चुकी कथा कहाँ लेगी अन्तिम समाधि
जीवन के लिए रण को छोड़नेवाले कहाँ जाएँगे
कहाँ पूरा होगा केशव का प्रायश्चित्त

कहाँ उतरेगी आकाश में बसे आकाशों की धूप और चाँदनी
कृपाओं के कोठार कहाँ बनेंगे
किन झीलों में धोएँगे पाप की मैल
डर से काली पड़ी आत्मा कहाँ गिराएगी अपनी मर चुकी त्वचा

कैलास अलिम्पस या तूर, नाम चाहे जो हो
जो कुछ भी सुन्दर अगम्य और अद्भुत—सब कथा के नाम

और आज भी मनुष्यता का कुछ न कुछ
हर पते पर बसता है
आज भी जाते हैं उनकी ओर

विह्वल कृपातुर कृतज्ञ मानस के पाँव
लेते हुए दुःखद दुर्गमता के सुखद आस्वाद

बृहत् भूगोल की रम्य रहस्यमयता के बीच
ढूँढ़ता हूँ तेरा भौतिक अधिवास और हार जाता हूँ
क्या है तेरे नाम सरस्वती
नदी थी एक वह भी पुरातत्त्व और संशय के तटों के बीच अदीख

कहाँ रहती हो बोलो न कहाँ रहती हो
कहाँ है तुम्हारा कैलास वृंदावन द्वारका अयोध्या
कहो न, मेरे प्रश्नों के बाहर कहाँ रहती हो तुम?

10

आज जब मैं लिखने बैठा हूँ यह कथा
तो ज्ञात है मुझे कि तारे क्या हैं
क्या है आकाशगंगा और सूर्य और चन्द्रमा
पता है हमें कि कम से कम एक अनन्त है
जो कभी इतना नीरव और इतना निर्ज्योति था
कि उसका विवरण काले आकाश के नीचे
निर्जन नि:शब्द रात्रि में खड़ा
कोई पूर्ण वधिर पूर्णान्ध ही कर सकता है

अचरज होता है कि एक प्रज्ञाचक्षु कवि ने
नासदीय सूक्त में जो कहा
ज्ञान आज भी उसी सीमान्त पर खड़ा है
जहाँ अन्धकार में लिपटा हुआ अन्धकार बहता था

अनन्त और उसके भीतर एक विस्फोट
वही तो था जो
शिवालिक से समुद्र तक बहती महानदी के तट पर
भाषा में ब्रह्म बनकर उतरा
एक विस्फोट जिसकी तरंगें
अनन्त की असीमता के आर-पार

उस महानदी के जल पर पलनेवाली मेधा ने
उसे ही ब्रह्म और कर्ता माना
कर्ता जो क्रिया में ही बसता है

मुझे कहने दो सरस्वती
कि तुम उसी क्रिया की जिज्ञासा हो
क्रिया से अभिन्न एक यात्रा
जो क्रिया के भीतर और बाहर एक साथ बहती है

विस्फोट की ध्वनियों का क्या अर्थ
जो इतना विराट और इतना भीषण
कि कान और मन की सीमा से परे
और क्या अर्थ उस नाद का
जो बोलने की इच्छा के नेपथ्य में गहन मौन-सा पसरा

मुझे कहने दो सरस्वती
कि तुम ब्रह्म वीचियों में
आकार और स्वर की वह इच्छा हो
जिसे मेरे किसी श्वेतश्मश्रु पूर्वज ने देखा था

दृष्टि और बोध का अद्‍भुत क्षण होगा वह
जब मन:आकाश में तुम
और पृथ्वी पर चौड़े पाट वाली एक नदी अनाम
एक साथ प्रवहमान

हे पार्थिव की दिव्यते
वही तुम्हारे नामकरण का भी क्षण रहा होगा
जब श्वेतश्मश्रु सजल उल्लास ने
एक ही स्वर में पुकारा होगा
दिव्य और पार्थिव मन और पदार्थ
दोनों को एक साथ—सरस्वती!

11

जगत में होता हूँ तो आकाश लगती हो
सूर्यों और चन्द्रमाओं से जगमग एक नीला अनन्त
और पृथ्वी पर चलता हूँ तो
पर्वतों से सिंधुओं तक बहती अलंघ्य-अपार नदी

किन्तु जैसे ही होता हूँ तप्त और भाप बन उठता हूँ
जाने कैसे सिमटकर आ जाती हो मेरे पास
चेतना के विवर में तन्वंगी किरण-सी
कैसे बहा देती हो मेरे भीतर सारी नदियाँ जगत की
पूरा का पूरा अनन्त और वह ऋत
जो अदृश्य अनाम तारे से
मेरी उँगलियों में सटे अश्रु विंदु का संवाद सम्भव करता है

कैसे समा जाती हो भीतर बहुत भीतर
जहाँ मैं भी नहीं जा पाता

मेरी हकलाहटों में कैसी प्रांजलता भर देती हो
कि मैं दुनियादार गृहस्थ से विस्मय-भरा कवि हो जाता हूँ!

12

किसी आकाश से नहीं टपकी तुम
प्राचीन धूसरता से उगी—
वर्षा और वसन्त की पृथ्वी-सी

तुम्हारा यह आकाश
जो तुम्हारी उड़ानों से अर्जित हुआ है
मुझे मिलाता जाने कितने आकाशों कितनी पृथ्वियों से
कैसी-कैसी वर्षा और कैसे-कैसे वसन्त
और कितने प्रकार के पतझड़ कैसी-कैसी लू
तुम्हें सोचते-सोचते पात्र से देश
और देश से काल हुआ जाता मैं!

13

इन दिनों तुम
मेरे स्वप्न में अक्सर आती हो
कभी वृक्ष-सी हरी कभी गगन-सी नील
कभी प्रात के जल-सी रजताभ
कभी अमावस में सोए हुए सागर में उठती कोमल-सी हिलोर
और कभी-कभी फूलों की साँस से अटी वायु की झकोर

मैं तो नगर में रहता हूँ नगरों की करता हूँ यात्राएँ
धूप के बाहर धुएँ के भीतर जीता हूँ
तुम्हारी इस आमद के मायने क्या हैं
क्यों बजती हो उस वीणा-सी
जो चलन से बाहर हो गई है
क्यों ले जाना चाहती हो मुझे उन वनों में
जो पीछे छूट गए

शस्य-श्यामला क्यों आई थी कल
क्यों मेरी नींद बाबा के खेत की मिट्टी-सी महकती रही
कहाँ ले जाना चाहती हो
क्या वहाँ जहाँ से चले लोगों का इतिहास तक नहीं
सभ्यता कविता के नियमों से नहीं चलती देवि
तुम जो दिखाती हो स्वप्न में
उसे पाना स्वप्न ही है मेरे लिए

क्या आ सकती हो तुम अपना विनशन चीरकर वापस

मेरी गर्दन जिराफ़ की तरह लम्बी हो गई है
और मेरे पैर ऊँट के खुरों में बदल गए हैं
मैं अब वह मनुष्य नहीं रहा
जिसकी सभ्यता जीवित वसन्त को धारण करती थी

मैं अब ज्वरों के युग में रहता हूँ सरस्वती
ये धधकते उत्सवों के दिन हैं
तपती हुई आत्मा
और खौलते हुए आँसू देह में छिपाए जीता हूँ

तुम आना किसी रात अन्तिम पहर में
जगाती प्रेरणा की तरह नहीं
सब कुछ समझती सखी की तरह
मैं तुझसे लिपटकर रोना चाहता हूँ।

14

नींद और जागरण के द्वार पर खड़ी थी सरस्वती
किसलय जैसी किरणों से छाया-चित्रित
पूछा—कहाँ थे कल
सोच और स्वप्न दोनों के द्वार बंद किए

मुझे हँसी आ गई—जानकर भी पूछती हो

वह भी हँसी—जानती हूँ किन्तु इतना ही
कि अपने भीतर नहीं थे तुम
कुछ अधूरे वाक्य थे
जिन के आगे कुछ शब्द
पत्थर के टुकड़ों की तरह बिखरे पड़े थे
तुम्हें तुम्हारे भीतर ढूँढ़ते हुए ठेस भी लगी
पीड़ा हुई होगी तुम्हें भी अवश्य
भटका होगा ध्यान जहाँ भी होगे
मैंने पुकारा भी था
किन्तु तुम किसी शोर की दीवार से घिरे थे
पुस्तक की गंध तो दूर वीणा के स्वर भी हार गए
वैसे कोई बात नहीं अभ्यास है मुझे
उत्सुक प्रतीक्षा के लिए अगर कोई शब्द गढ़ सको
तो वह भी एक सार्थक पर्याय होगा
मेरे होने और हो सकने के आंतरिक सत्य का

मैं चुपचाप सुनता रहा
यह उलाहना नहीं उदासी थी

मेरे मौन ने कहा—मैं जगत में था सरस्वती
और उसकी उदासी हँस पड़ी—
क्या-क्या साधते हो मनुष्य
इतना मत साधो कि साधना ही छूट जाय!

15

धर्म बोलता बहुत है, सोचने नहीं देता

दर्शन अपनी अटारी
और अपनी दूरबीन से दूर जाने देना नहीं चाहता

शक्ति के सूए से सिए जाते वे पन्ने
जिन पर ज्ञान बसता है

तकनीक के साम्राज्य में सबसे बड़ा देवता लालच है
और वही राजनीति और व्यापार का स्वामी भी

साधारण मनुष्य कहीं कोशिका है कहीं मत
कहीं संसाधन कहीं मुद्रा

रक्ताक्त अनुभवों के महाकाव्य युयुत्सा को हरा नहीं सके
अब भी होते हैं युद्ध
कुरुक्षेत्र तक जाने का आज भी कोई मार्ग नहीं
औचित्य और सार्थकता के हरे-भरे खेतों को रौंदकर ही जा पाती हैं सेनाएँ

आज भी दोषी से अधिक निर्दोष मारे जाते हैं
औषधियों के भंडार में एक भी ऐसी नहीं
जो करुणा और प्रेम की मात्रा बढ़ा दे

सरस्वती, तुम हो या नहीं?

16

जब भी मिलता हूँ
पानी में तिरता हंस-युगल पूछता है मुझसे—
तिरे कभी यूँ जैसे हम

और मैं झेंप जाता हूँ

लम्बे समय तक जा नहीं पाता उधर
साध लिये मन में साधता अपने भीतर-बाहर
और फिर एक दिन साहस जुटाता हूँ
कि कहूँ जाकर—हाँ, थोड़ा-थोड़ा

मगर वहाँ पहुँच फिर वही झेंप
पानी पर फिसलते जीवित उजास को देख
मारे संकोच के अवाक्
और फिर चुपके से
आँसुओं की तरह झरते पदों और साखियों
और मिसरों की ओट में खिसक लेता हूँ।

17

वह तुम्हारा शैशव था
जब तुमने गगन में नामों के कंदुक उछाले
और वे देवता हो गए

यह रहस्य जानते थे वे
जो उनके विरुद और फिर भाष्य लिखते रहे

तुम्हें भी सम्भवत: अपने इस कौतुक से सुख मिलता रहा
तभी तो कविता के सत्य को
जीवन का विधान बन जाने दिया
और तुम धीरे-धीरे अपने कैशोर्य में प्रवेश कर गई
जहाँ प्राणों के तार
स्वप्न की उँगलियों से छिड़ते हैं
और आँखों से उठती भाप
पहाड़ तक को कुहरीला कर देती है

किन्तु कब तक
बीतने ही थे वे युग
तुम्हें होना ही था युवा
पूछने ही थे प्रश्न असंख्य
किए को अपने जाँचना-परखना ही था
वही हुआ और होता गया

और तुम अपने ही किए की सत्ता के बीच सजे
पद्म के आसन से उठी और खड़ी हो गई

वह जिसने देवताओं को कथा के महावृक्ष से
अमर-लताओं की तरह लिपटे देखा
तुम्हीं उसके नेत्रों की ज्योति
उसके साहस की मुस्कान
उसकी वाणी की रीढ़
उसके प्रत्यय और तर्क की जड़ों को घेरे
भीतर से भीगी हुई पृथ्वी

हे मेरे मस्तक में पृष्ठ-पृष्ठ खुलती पुस्तिके
तुमसे ही यह सामर्थ्य
कि मैं सृष्टि के सारे देवताओं से आँख मिलाकर बात कर पाता हूँ।

18

काग़ज़ से पैर का लग जाना पाप था
झटके से झुक उठाते और सिर से छुआते बचपन बीता

मगर समय के साथ मसें भीगीं, आँखें अय्यार हुईं
और देखी एक गोपनीय किताब
तब समझ में आया कि सारे काग़ज़ श्रद्धेय नहीं होते

ऐसा ही कुछ भाषा के साथ भी हुआ
जब एक गहरे अर्थों वाली कथा में
ऐसी-ऐसी गालियाँ देखीं
जैसी पहली बार बोलने पर पिता के हाथों बुरी तरह पिटा था

काग़ज़ की डगर पर चलते और
भाषा की नदी में रहते-बहते
एक बात हौले-हौले समझ में आ गई
कि दोनों सार्वजनिक पात्र हैं

कि जिन्हें पढ़कर नाख़ून बड़े हो जाते हैं और दाँत पैने
अपने विकास के बनैले चरण में लौटने लगता है मन
वे किताबें भी काग़ज़ हैं जैसे वे सरकारी पन्ने
जिनके काले अक्षरों के बीच रक्त के
अनगिनत महीन छींटे छपे हैं

काग़ज़ की धार से किसकी उँगली नहीं कटी
काग़ज़ की गदा की मार किसने नहीं खायी
किसके दूबों, किसलयों और फूलों वाले घर से
काँटों वाले जूते पहने हाथी पाँव की तरह नहीं गुज़रे

कारे से न्यारे हो चुके काग़ज़ जलाने के आदेश भी
काग़ज़ पर ही दिए जाते हैं

लेकिन अब मैं भी काग़ज़ की तरह
अपने लक्षण दिखाने लग गया हूँ

पैर लग जाए तो झटके से झुक नहीं उठाता,
नहीं लगाता सिर से
गिर जाए क़लम तो
पैर की उँगलियों में फँसाकर उठा लेता हूँ
और अपराध-बोध भी नहीं होता

पढ़ते समय कुछ खाते-पीते रहने के कुटेव ने
रामचरित मानस पढ़ना अब भी छुड़वा रखा है
माफ़ कीजिएगा निहोरा बाबा अब यह कुटेव भी बहुत दिन नहीं।

19

यूँ तो कोई भी कवि इतना स्वच्छ नहीं
कि देवितमे, तुम्हारा मन्दिर हो सके
लेकिन कभी-कभी लगता है कि वे जो बहुत बड़े
उनके यहाँ शायद थोड़ी साफ़ और निष्पाप जगह हो

अपने बारे में क्या कहूँ
अपात्र में इतनी ही पात्रता सम्भव हो पायी है
कि अपनी-परायी मैल सहेज-सजा सकूँ

ऐसा वजूद कैसे़ हो सकता था तुम्हारा घर

फिर भी तुम आती हो चूमती हो मेरी गीली आँखें
और अपने इस प्याऊ पर इतनी देर ज़रूर रुक जाती हो
कि उदास चुप्पियाँ और गूँगे प्रश्न धर लें शब्द की देह
और पी लें इतना प्रकाश
कि सु-पढ़ आँख वालों को दिख जाएँ अनायास!

20

टूटते काँचों और ढहती इमारतों जैसी हँसी के संसार में
कण्ठ और होंठ के साथ जीना कितना बड़ा दंड है
यह बात छोटे या बड़े
किसी ब्रह्मा की समझ में नहीं आएगी

चार मुख होने से क्या होता है
एक भी कथा नहीं जिसमें हँसी आई हो उन्हें
और मनुष्य ऐसे रच दिए
कि एक पटरानी की हँसी पर
अट्ठारह अक्षौहिणी कट मरें

ब्रह्मलोक के पड़ोस में देखता हूँ तो सन्तोष होता है
कि विष्णु और उनके अवतारों के अधरों पर
ख़ूब खेली है हँसी की धूप
लेकिन सर्वज्ञता और लीलाभाव का
ध्यान आते ही सहम जाता है मन

और शिव की भोली हँसी में झाँको
तो शीतल सौन्दर्य के साथ श्मशान की राख भी दिखती है

मेरी उदास ऋतुओं में मेरा कवि मुझसे कहता रहता है
कि परमपिताओं से निर्व्याज हँसी की अपेक्षा मत रखना
मत माँगना उनसे उनकी हँसी का आकाश

कि हँसी तो जल है, अपने शिवालिक से गिरता एक प्रपात
ठहरे हिम का तरल रोमांच
एक उल्लास जो बह चलता है
एक स्वयंभू नदी, जिसका जन्म
भाषा और सभ्यता के तटबंधों के बनने से पहले हुआ

शुभ और अशुभ
अमृत और विष
बूटी और रोग
ताप और शीत
पाप और पुण्य
क्या-क्या धारण नहीं करता जल
और क्या-क्या धारण नहीं करती हँसी

आह कितना त्रास है कैसी प्यास
उद्‌देश्यों और उत्पादों से तप्त समय में
अगर तुझे हँसी कहकर पुकारूँ और आवाहन करूँ
तो बुरा तो नहीं मानोगी न सरस्वती?

21

(एक रात जब कोविड की महामारी अपने चरम पर थी)

चुप्पियाँ ज़्यादा सुनाई देती हैं इन दिनों
जबकि राज, ताज और समाज सब शोर के बने हैं

जाने क्या हो गया है मुझे
दुनिया एक साइलेंट फ़िल्म हो गई है
बस वही आवाज़ें आ पाती हैं
जिन्हें सुनना बेहद ज़रूरी है

गली के भौंकते कुत्तों के युद्ध के समय भी
अपनी प्रवासिनी प्रिया के जठर से उठती
भूख की पुकार सुन लेता हूँ
और अपने रतजगे में चलती चाय की सुड़कियों के बीच
उसकी पलकों में घुसती नींद की सरसराहट

दो ट्रेनों के बीच भी खड़ा रहूँ
तो उसके स्वप्न की नि:शब्दता सुन लूँ
कुछ ऐसी हालत हो गई है मेरी

इतिहास के पढ़े-अनपढ़े पृष्ठों से उठते आर्तनाद
कोड़ों की चोट के निशानों की टीस
पृथ्वी और होंठों की त्वचा के फटने की आवाज़

और पीटकर होती हुई बारिश में भी
आँसुओं का टपकना सुनाई देता है

आकाश ब्रह्मांड है या ब्रह्मांड आकाश, मैं नहीं जानता
क्योंकि इन दिनों यह समझने में लगा हूँ
कि वह मेरे भीतर क्यों है इतना अधिक
कि जगह-जगह से आती हैं
हृदयों और प्राणों के टूटने की आवाज़ें
लहू में डूबती सिसकियों की साँस का
भीगकर भारी होना सुनाई देता है

गर्भ में मरते और मारे जाते भ्रूणों की
समाप्त होती सम्भावनाएँ आती हैं मेरे पास
कि बस कुछ घड़ियाँ दे दो मुझे अपने भीतर
कुछ कहना था हमें...तुम्हीं कह देना

आह! आत्मा का अल्प सारस्वत होना
अगर इतना विकट अनुभव है
तो तुलसी और शेक्सपीयर और कबीर और ग़ालिब
इन सब पर क्या कुछ गुज़रता होगा
जिनके भीतर से उठती आँधियों ने
जाने कितनी आकाशगंगाएँ बना दी हैं।

22

जो अर्थात् के बाद लिख दिया गया है
उस पर कोप करो
कथाओं पर नहीं
और कवि हो तो और भी नहीं
क्योंकि हर कथा अपने गर्भ में
अनन्त कविताएँ धारे एक स्त्री है
अकूत आत्मविश्वास से लबालब
कि उसकी हर बात सुनी जाएगी
हर भंगिमा निहारी जाएगी
कभी बूढ़ी नहीं होगी वह
उसके शब्दों से बगरते विस्मय कभी नहीं चुकेंगे

दावा कर सकते हो
कि अब तक पुरानी नहीं पड़ी किसी कथा को
नज़र-अन्दाज़ कर गुज़र जाओगे तुम
उसके काँटे तुम्हारे वस्त्र नहीं थाम लेंगे
उसकी सुगंध नहीं मोह लेगी तुम्हारा मन
उसके रहस्य तुम्हें दर्पण की तरह नहीं घूरेंगे
उसके जादू तुम्हें तिलिस्मों की ओर नहीं खींचेंगे?

थोड़ी ही दूर चलोगे उनके साथ या उनके भीतर
तो जान जाओगे कि उनके झूठ भी सच बोलते हैं
और विवेक की आँच में तपे-तपाए शब्द भी

अपनी आदिमता और मासूमियत नहीं छिपाते
और न ही अपने विरोधाभास

मूर्तियों के भीतर ही उनके भंजन के सामान भी रखे हैं

अगर अपने मन को निर्वसन देख सको
खोल सको उसके इन्द्रियों के द्वार
उतार सको उसकी त्वचा
उतर सको उसकी शिराओं में
तो जान जाओगे कि उसके तन्तु और तत्त्व
तुम्हारे समय के विचारों और समाचारों से नहीं
पूरी प्रतीत होती कथाओं में छूटे अधूरे सूत्रों से बने हैं!

कोप मत करो उन्हें गालियाँ मत दो
उनके लम्बे केश पकड़ घसीटने की चेष्टा मत करो
उनसे बात करो तभी समझोगे
कि तुम्हारी कविता के बिंबों की तरह ही
वे भी किसी कवि की मिट्टी के लोंदे हैं
वे भी तुम्हारे विचारों की तरह ही
अपने समय के आवाँ में पकते-पकते रह गए हैं
और वे भी विवश हैं जैसे अपने समय के अर्ध-सत्यों की आँधी में तुम

कोप करना है तो अर्थात् पर करो
जैसे तुम्हारे मित्र तुम्हारी कविता से संवाद करते हुए उसके अर्थात् पर
करते हैं।

23

मैं किसी हनुमान को जगाता जामवन्त हूँ
कथाओं के बीच अनवरत महाभारत में विह्वल विदुर
दिव्यता के तृण रहित कैलास पर खड़ा भूखा नन्दी
और विष के विस्तार को रोकनेवाला कण्ठ

मेरी आत्मा यशोदा की मटकी है
अक्षय नवनीत से अटी

मैं राम को जल समाधि लेने से रोकने का विचार हूँ
और विह्वल सीता और फटती हुई धरती के बीच
एक सुन्दर पंचवटी

मेरी साँस वृन्दावन में छूट गई बाँसुरी के
छिद्रों में राग ढूँढ़ती है

मैं बहुत कुछ कहते और पानी की तरह बहते बिम्बों का रसिया हूँ
मेरी आस्तिकता एक कवि की आस्तिकता है

मैं वह गणेश हूँ जिसे सरस्वती ने जन्म दिया है
और पार्वती ने गोद
मुझे लक्ष्मी के घर के मोदक तो प्रिय हैं
मगर कंचन की मंडी नहीं, किताबों का घर भाता है
जहाँ कोई भी धर्म एक किताब-भर है

और मैं उतना ही हिन्दू हूँ जितनी एक किताब
जो शेष किताबों के बीच और साथ
संवाद और अनुवाद के लिए सदा प्रस्तुत

किताबों के घर में खुली आँखें और
संकोचहीन हाथ की तरह जीते हुए जानता हूँ
कि धर्म आत्मा के कपड़े हैं और आत्मा एक नंगा मनुष्य
जो सदा आदिम और प्रतिपल नया

मेरी कविता इसी नंगे मनुष्य का तरल पक्ष है
कोई भी किताब घुल सकती है इसमें
किसी भी किताब तक जा सकती है यह!

आख्यान

आकस्मिक हलचल से चौंककर सरस्वती मुड़ी
तो देखा कि मूषक गणेश का भागा जा रहा
और उसके तनिक आगे गणेश भी
वाह रे गजानन जी...कहती हुई सरस्वती हँस पड़ी

पुष्कर

1
(सरस्वती उवाच)

माना कि तुम्हारे होने से हुई
तन के तने की तन्वंगी डाल
हरे पत्तों से भरी
किन्तु जैसे ही टूटकर तुमसे
अपने चरणों पर हुई खड़ी
ताप से तुम्हारे
ऋतुएँ मचल उठीं रसों में मेरे
खिल तो मैं ही सकती थी स्रष्टा मेरे
मधुर मकरंद से भरी एक धरा में मैं ही बदल सकती थी
मैं ही उठा सकती थी झंझा
कि उड़ें तेरे पराग
सृष्टि का सुन्दर वैविध्य
विश्वकर्मा रचकर नहीं साध सकते थे विरंचि

सृष्टि पदार्थ-भर नहीं
न पदार्थों के बीहड़ में प्राणियों का कोलाहल
कि यही सीमा थी तुम्हारी
सृजन की सहचरी न होती यदि मुझ-सी
अनगढ़ एकरसता देख तुम भी पछताते

सूर्य के सर्जक,
तारों का सुन्दर छितराव
तिमिर में तुम्हारे चन्द्रमा की नाव
मैं ही रच सकती थी
मैं ही भर सकती थी कल्पना की उड़ान
स्रष्टा के आसन की जड़ समाधि से क्या होता पुरुष
लास्य से मेरे पृथ्वी में गति
मेरी तरलता से सारे प्रवाह
रच तो सकते थे तुम गह्वर विराट
भर भी सकते थे अगाध जलराशि
किन्तु सिंधु को तुम्हारे लहर-लहर मैं ही कर सकती थी
मुझसे ही तुहिन
मुझसे ही वाष्प
मुझसे ही मेघ
देख जिसे मुग्ध मन तुम्हारा सतरंगे पाखी-सा नाचा था
हे मेरे चित्रों में ठिठके मयूर
जितनी मैं तेरी उससे अधिक तुम मेरे

माना कि वज्रनाभ शिशुहंता
माना कि दंड देवाधिकार
किन्तु मुझे ग्लानि कि तुम कैसे स्रष्टा कि रच गए
क्रूर हृदयहीन आत्मरत प्राणी
और हृदय नहीं छू सके अपनी ही कृति का
मारना पड़ा—मुष्टि में थाम अपनी ही कोमल मृणाल-गर्भनाल
माना कि हुए कृतकार्य
किन्तु तेरे देवत्व की तीन पंखुड़ियाँ तो गईं नऽ

तीन पंखुड़ियाँ जो गिरीं तो पृथ्वी की काया पर तीन क्षत
दिव्य असफलता के तीन दंश
और आना पड़ा मुझे लेकर आरोग्य-धार
कि हर सकूँ पृथ्वी की पीड़ा

तेरे देवत्व के टूटे हुए तीन कमल-दल आत्मलीन कर सकूँ
दे सकूँ अपनी संततियों को तीन सजल पुष्कर

अपने दायित्व निभा फिरी मैं
चेतना को तरल प्रवाहमान छोड़
अवचेतन आँचल में बाँध विकल अन्तस
लौट आई ब्रह्मलोक मैं अपने मार्ग से
और तुम जाने क्यों रुक गए

अपने आराम में आत्मस्थ हुई ही थी
कि आया संदेश
आ जाओ सरस्वती
यज्ञ का आयोजन है

सुनते ही कुढ़ गई—
ब्रह्मा और यज्ञ
निपट नेपथ्य का सृजन-रत आदिदेव
जिसके निमित्त सभी यज्ञ
वह भी इस मानवीय अभिनय का पात्र
तुच्छ-सी सफलता का उत्सव आवश्यक था?

किन्तु क्या करती मैं
आग्रह था तुम्हारा
धर मानव-देह-मन भूल गई कौन हूँ

वामा बन विरंचि की उतरी तो जाना
कि काल का नियन्ता मुहूर्त का दास है
और एक अति सुन्दर रमणी यजमान के पास है

अति सुन्दर रमणी जो माया
ब्रह्म भी ब्रह्म कहाँ
तज अमेयता अपनी धर ले जो काया
हँसी आई मुझे कि हाय रे मेरा यह शिल्पी भी

शिल्प-शेष कथा-शेष होने के लालच में पड़ गया
सृष्टि के रचने की श्रान्ति का पार्थिव उपचार
यशोगान, भक्तिभाव, अगरु-धूम, चन्दन, नैवेद्य
सारा देवत्व एक मन्दिर में जड़ीभूत

हाय रे! नियति के नियन्ता की यह नियति
लिख ही दिए तुमने आज सारे देवताओं के भाग्य
कि पूजा के लालच में गिरो भक्तों की भीड़ से घिरो
भीगो लसलसी लिप्सा के लेप से
नगर-नगर वीथी-वीथी वर देते फिरो
दान-उपदान का कर लेते फिरो

मेरे विरंचि
कितना भी पावन हो शिव हो
दिव्य का जड़त्व अस्वीकार
अन्यों को रुचे तो रुचे मुझे अस्वीकार
अनृत है ऋत का यह साधन
मद और पद की महिमा
अनय, अतिचार और लोभ पसारेगी
प्राणियों के सरल सौहार्द और सुख और शांति को मारेगी
मुझे गायत्री से क्या ईर्ष्या
एक ही तो तत्त्व प्रभा हो कि द्वाभा
कौमुदी कि आतप
अलग भले आकृतियाँ नाम भले भिन्न
अर्थ के अनन्त में आकारों का क्या अर्थ

लेकिन चतुर्मुख, धरी है देह
मानवी बन उतरी हूँ
तो ईर्ष्या और रोष बिना जाऊँ भला कैसे
सहना होगा तुझे भक्तों की सभा बीच
नई-नई वामा के सामने सुनना तो होगा

कि वाणी हूँ, मौन अगर लौटी
तो मेरी संततियाँ प्रभुता के विरुद्ध बोल नहीं पाएँगी

मेरे प्रिय मौनश्रवा
देखो अब नेत्र खोल
नारी सौन्दर्य की प्रथम और अन्तिम परिभाषा और उपमा
ग्रहण करो शब्द-शब्द वाणी की वाणी को
यज्ञ बस इतना ही...शेष आडम्बर मात्र कर्मकांड

ब्रह्मदेव, पृथ्वी पर उतरते ही पुरुष हुए
परम जो विशेषण था कहाँ गया
कहाँ गई वह असीम दृष्टि
सारी की सारी सृष्टि पर टिकी हुई
धरते ही देह कामना के कुंज हुए

चतुर चतुरानन
ऐसा तो नहीं कि वामा का चक्षु-भोग पहले
और यज्ञ की अग्नि एक छद्म छिपाव-भर
काम की अग्नि का

ऐसा तो नहीं
कि काल की निर्गुण निरन्तरता में
शुभ और अशुभ और योग और लग्न और मुहूर्त की सेंध
मात्र एक आयोजन कामना की पूर्ति का
मेरे आवाहन में विलम्ब की ग्लानि से बचाव का आश्रय

जो भी हो सत्य किन्तु
भावी सन्ततियों के लिए तुम ब्रह्मपाश रच गए
मुक्ति में कई युग लगेंगे
मैं तो आशंकित हूँ अपना मन तुम जानो

अपने इस यज्ञ को तुम मानो
यजन करो देव बनो
बसो एक मन्दिर में मूर्त हो
मूर्ति कि महिमा में गिरो
भक्तों से घिरो
पूजा लो प्रसाद लो वर दो आशीष दो
कथा के बाहर बस यहीं रहो
और कोई देश और कोई स्थान
और कोई मन्दिर तुझे अलभ हो

वाणी की वाणी है
निष्फल नहीं जाएगी

चली मैं
अपनी मौलिकता के सजल प्रवाह में
प्रभुता से विराग और लघुता के राग में
सृजन-भर संग-साथ सुखद रहा बीत गया
रचना था तुम्हें जो रच चुके
स्रष्टा का मनोलोक रीत गया
राजपाट मेरा स्वभाव नहीं
मन में अकारथ देव-भाव नहीं
चली मैं
छाया-भर रहूँगी अवश्य कथा में तुम्हारी

कथा कथा कथा
कोई भी कथा हो भाषा तो मैं ही
मुझसे ही स्वरित-उच्चरित-लिपिबद्ध
मेरी मुद्राओं से छंद
मुझ पर जब चोट और चौंकूँ तो चिन्तन अनुचिन्तन
मुझसे ही बोध सत्य का शोध

सुख से या दुःख से
मैं कसमसाऊँ-कराहूँ तो काव्य

दृश्य तो दृश्य
वह जो अदृश्य उसका सादृश्य भी मुझसे ही अंकित

ध्वनि की धारा मैं मुझसे संगीत
चली मैं, कोटि-कोटि कण्ठों तक जाना है

नदी से देवी हुई
देवी से नदी बन पृथ्वी पर काटूँगी अभी एक युग
चढ़ूँगी अभी एक युग तक मूर्तिशेष शीश पर तुम्हारे
भीगेगी दर्प-दग्ध आत्मा
सिहरेगा जड़ीभूत मन किन्तु प्रेम को तरसोगे

शनैः शनैः होना है लुप्तकाय
पृथ्वी की आत्मा से फूटी थी
काया को वहीं लीन होना है

मन्दिर में मूर्ति बन मुझे नहीं रहना है
मुझे तो द्रवित हो मानस में बहना है

माँ हूँ मैं
रचने हैं अपनी सन्ततियों के मन
भीतर और बाहर के वन
रचने हैं किरणों के घन
सृजन के अनन्त में

मिलना हो मुझसे तो आ जाना
पृथ्वी की देह पर खिलते वसन्त में!

2
(कवि उवाच)

ब्रह्मा को पुष्कर में छोड़ सरस्वती जन की वाणी हुई
लौटी ही नहीं ब्रह्मलोक, ब्रह्मा भी यहीं रहे पुष्कर में बरस-भर
राग और विराग के तटों बीच बहते हुए
रूप में रहते हुए गायत्री के साथ
भाव में सहते हुए सृजन-सहचरी का अभाव
देखते हुए पुष्कर में तिरते एक हंस का एकाकी मन
देखते हुए ऋतुओं के पुष्प में प्रतीक्षा
देखते हुए गंधों और रंगों का जन्म और मरण
देखते हुए बनता एक मन्दिर और मन्दिर के भीतर एक विग्रह

दिवस तो कट जाते मनहर वनराजि में विहरते
किन्तु भाव के लोक में सूर्य के ढलते ही विकट अग्निकांड
सन्ध्या की दाहकता पुष्कर के जल में सिराते
निशा की पीते हुए ओस
ठोस विग्रह में होना है अवघटित
आता यह विचार तो और भी विह्वल हो जाते

युगों के सुख और दु:ख लिये बीता एक बरस
चले विरंचि गायत्री संग सकल पार्थिवता से मुक्त हो
और तभी गूँज उठा सारस्वत शाप
और ब्रह्मा जी जा बसे प्रस्तर के विग्रह में सरसों-भर
शेष जो लगभग अशेष
बसे-फँसे कीर्तिशेष कवियों के रचे हुए दिव्य ब्रह्मलोक में

वाणी की महिमा
कि ब्रह्म को सरसों-भर मनुष्य किया
वाणी की गरिमा
कि प्रेयस को सरसों-भर भोग और विकट वियोग दिया

इसी तरह युग बीते
मन्दिर और विग्रह की कारा में सिमटे हुए ब्रह्मा
मन ही मन रूठे रहे
ध्यान भी प्रिया का पीड़ा पहुँचाता
किन्तु कब तक
एक दिन आश्विन का गगन जब निरभ्र
पुष्कर के जल में निथरी हुई निर्मलता नयनाभिराम
देखा कि एक सुभग हंसिनी हंस की ओर क्षिप्र गति आ रही
हृदय दहक उठा विरह के ताप ने किया विस्फोट
और सरसों-भर ब्रह्मा सरसों के बीज बन खेतों में बिखर गए

एक दिन आया वसन्त आई सरस्वती
पुष्पित हुए ब्रह्मा पीताभ
पीते हुए वासंतिक धूप की शुभ्रता
प्रिया की सुगंध के इन्द्रधनुष, ऊष्मा के विकल आरोह

छेड़े गए ब्रह्मा पुष्पावतार में
तितलियों से भ्रमरों से—हुए निषेचित
सरसों भर गर्भ में सरसों-भर नेह लिए पके और झरे

और फिर यूँ ही प्रति वर्ष भुक्त और गर्भित होते रहे
खोते रहे परम पुरुषत्व
और सरस्वती पुरुष की दृढ़ता और हँसी लिये
करती रही पार ग्रीष्म के रेत-वन
रचती रही जन के मानस में पावस के सरस सुयोग

पुष्कर की कथा समाप्त हुई
क्षमा करें भद्रजन कि कथा के अन्त में
सृष्टि के वसन्त में
सरस्वती पुरुष और प्राकृत हुई!

गलेटिया

कवि उवाच:

कथाओं के अरण्य में
विकट वेग बहती वाचाल एक वन्या[3] उद्भासित हुई
पूर्वी तट किरण-स्नात जलरंगी दिव्या की आभा से
पश्चिमी तट दुग्ध-देही स्त्री के विलास से
दिव्या ने देखा कि दुग्ध-देही रमणी के नेत्रों में
प्रश्नाकुल विस्मय है
समझ गई दिव्या कि आ ही गया दिन वह
जब कथा के वन में एक नई कथा उगनी है

वन्या की वीचि से रच एक तरी
दिव्या ने न्योता उस चकित दुग्धदेही को

आभा के रूपों की आभा से
सकल कथाओं के नयन विस्फारित हुए

तिरती हुई तरी पर
भाव की भाषा में बह चली वार्ता
कवि की कादम्बिनी ने ग्रहण किया जितना-भर
प्रस्तुत है—

गलेटिया उवाच:

देवि! मैं भी आप-सी अयोनिजा
कथा के ग्रह पर पुरुष के आग्रह से प्रकट हुई
पुरुष भी विचित्र स्त्रियों से करता था घृणा
कि कथा के नियम से क्यों नहीं नाचती सुन्दरता
क्यों नहीं करती कल्लोल किसी निश्चित सरोवर में
तर्कसिद्ध घृणा थी कि सब की सब एक-सी

देवि, किन्तु पुरुष के मानने से क्या होता
मन में बैठा हुआ गज माने तब न

बरस-भर मन्दगति स्थिरमति
किन्तु ऋतु-स्राव जब होता तो मत्त
धीर वृक्ष टूटते शान्त जल मारता हिलोर
धवल-दंत खोजता धवल-दंती
शुंड उठा करता रव रोर
निकले हुए दाँतों की नोक से
क्षत-विक्षत कर देता हृदय और मानस के सारे संकल्प

तर्कप्राण पुरुष जो भूमि का स्वामी भी
कितने ही गजों के दंत कटवा मँगवाता कला-कक्ष में
रचने का करता अभ्यास एक गज-दंती
जो उसके गज को भ्रमित करे, शमित करे उसका उन्माद

एक दिन
पावस की ऋतु थी विह्वल था व्योम
वृक्ष से दूर्वा तक यौवन का राग
गज से आक्रांत पुरुष कला के कक्ष में
सृजन की समाधि में लीन
कोमल निपुणता से लिखता रहा रूप का काव्य
और गज-दंती यष्टि जब निर्मित हुई, मुग्ध हुआ

अपनी ही सृष्टि पर
हाथों में थामे मुझे बैठा देखता रहा
ऋतु-मत्त गज के नयनों से

सृजन की समाधि पर छाया एरॉस
और भक्ति के भाव से पौरुष पुकार उठा
अफ्रोदिते अफ्रोदिते अफ्रोदिते
मेरी गज-दंती में प्राण-रस बहा दे

अफ्रोदिते उत्सव सन्निकट था
भक्ति-पीड़ित पुरुष ने पूजा, आराधा और अर्पित किया
प्रेम और रूप और मोद और जनन की देवी को
भाव और भाषा और वस्तु का सरस नैवेद्य
देवी प्रसन्न हुईं
और मैं शिल्प के गर्भ में शिशु से युवती हुई

नयन जो खुले तो देखा
एक पुरुष सुन्दर सुगठित अनुरक्त
और सम्भ्रम-संकोच भरे उसके रक्ताभ अधर
मेरे अबोध अधरों से आ मिले
जीवित हुई मैं

पुरुष ने वरण किया
अफ्रोदिते रहीं कृपालु
प्रेम, सौन्दर्य आनन्द और भोग और शिशु दे कृतार्थ किया

कवि उवाच:

आत्म के निवेदन की श्रान्ति से भरी दुग्धदेही के ऊष्ण हुए शीश पर
सजल स्पर्श रख जलरंगी दिव्या बोली मधुरता से—जानती थी

स्त्री ने शीश उठा देखा और प्रश्न किया—कैसे
अक्रोदिते आप नहीं, आप तो सरस्वती
मुझ-सी ही अयोनिजा, पुरुष की कृति आप
अपने ही स्रष्टा के तप्त अनुराग से विह्वल हुईं

सरस्वती मुस्कायी—बस, इतना ही जानती या और कुछ?

अर्थ-भरे प्रश्न की गरिमा से सकुचायी दुग्धदेही तनिक अरुणाभ हुई—
जी, मुझे तो इतना ही ज्ञात
किन्तु बहुत उत्कण्ठित थी
कि किसी दिन मिलूँ उस देवी से
रचा जिसे रचना-निपुण पुरुष की व्यग्र प्रतीक्षा ने

प्रश्न सुन सरस्वती मौन हुईं निमिष-भर
स्मिति की आभा में डूब गया कथा-लोक
वीणा की कोमलतम झंकृति प्रसरित हुई
जैसे सुवास थिर वायु में

वन्या की क्षिप्रता मन्द हुई
बह चली कोमल तरल वाणी प्रति भुवन में—

सरस्वती उवाचः

पुत्री, मैं पुत्री नहीं, न पुरुष की सृष्टि ही
मेरा कोई स्रष्टा नहीं
कथित कथाओं में जो मेरा सर्जक
और जनक और प्रेमी और स्वामी के पद पर आसीन
उसे तो मैंने ही रचा
मेरे एक प्रश्न का उत्तर वह
प्रश्न भी मेरा और उत्तर भी मेरा ही

पुत्री, मैं प्रकृति हूँ
मानव के मानस में किरणों के कणों की
घातीय वृद्धि से सम्भव हुई
इन्द्रियों के साहस और अनुभव से रिद्ध और सिद्ध हुई
कटुता से पीड़ा से प्रपंच से बिद्ध हुई
करुणा से संजीवित
हठी जिज्ञासा उत्फुल्ल उत्सुकता
और सहज क्रीड़ाप्रियता से गतिशीला

दिव्य अबूझ अज्ञेय अपार अनन्त से आतंकित हो
मैंने ही पूछा था—सृष्टि का रचयिता कौन
और मैंने ही रचा यह उत्तर कि वही जो अमेय और वर्धमान
मैंने ही धरा की जटिलता विविधता का श्रेय उसे दिया
और रची हुई सृष्टि की लय से परिभाषित किया स्वयं को
और मैं पुरुष तत्त्व ब्रह्मा की कथा में सृजित हुई
रचने को देह और प्रेम का आदि श्लोक
क्या स्त्री क्या पुरुष दोनों तो आए प्रकृति के व्यापार से
रचती तो केवल प्रकृति
पुरुष तो सारे आयोजन में बूँद-भर

सारी कथाओं की जननी मैं
अपने काव्यांश से सृजित हुई ब्रह्म की प्रिया मैं

मैंने ही रचा वह लोक भी
जिसमें तू सागर बीच द्वीप पर
सृजित हुई पुरुष के हाथों
मेरी ही तनया वह अफ्रोदिते
सारा यह कथा-लोक मेरा है
मैं ही वह सेतु जो जड़ से चेतन
और चेतन से जड़ को जोड़ती

नीरा मैं, धाराएँ मेरी ही जगत के मानस में
भाषा और भाषा के गीत, आख्यान
तो भूमि और प्रकृति के वैशिष्ट्य से विकसित-विस्तारित

चलो पुत्री, चलो
लौट चलें अब हम कथाओं में
जगत तो कथा से कथा का विस्तार है
सत्य है कि मेरा प्रकाशित प्रवाह ही मार्ग
किन्तु कथा के मार्ग में तू भी एक किरण है सुन्दर सुरम्य

कवि उवाचः

इतना कह वाणी ने स्वयं को विराम दिया
इंगित पा वन्या ने
वीचि को सेतु बना तटों पर उतार दिया
पश्चिमी तट विलसित हुआ
पूर्वी तट उद्भासित
सेतु के नीचे से मुखर-गति वन्या बहती रही!

हंसिनी

पार्वती ने ध्यान किया
वाणी मुस्कुरायी
स्मिति की तरंगें पहुँचीं कैलास
पार्वती हुई आश्वस्त
कि जब तक समाधि में शिव
कथा-कथा होंगे सब दिवस
सरसेंगी रागों से रातें

वाणी तक पहुँची आश्वस्ति
तो पुन: मुस्कुरायी
पहुँचा कैलास तक सहमति संदेश
शिव ने भी सुना
और चन्द्रमा उतार कर
अलकों में शिवा के टाँक दिया
शिव की शीतलता और सौम्यता सहेज
पार्वती प्रतीक्षित

और उधर
हंस के पंख फड़क उठे
देख यह उतावलापन
नेह-तरल नयनों से वाणी ने निहारा और
ब्रह्मा के चित्त की चंचलता याद कर हँस पड़ी

तनिक नतग्रीव हो बोली मृदु स्वर में—
हंस जी, चलिए अब अपने सरोवर की ओर

पावस की राका थी गगन में मेघ
पूर्णकाय चन्द्रमा कैलास पर
झरती थी चाँदनी की ओस
पिघले हुए मोती-सा मानसर
हंस की प्रतीक्षा में अपलक एकान्त

'आओ सरस्वती, शिवा को वाणी की तृषा है'
'-और वाणी को शिवा की दृढ़ता की भूख'
कहते हुए वाणी जो हँसी
तो चकित हुआ चन्द्रमा—वाणी की शुभ्रता अनन्य
कि यह तो सूर्य के सम्मुख भी चाँदनी छिटका दे

देवियों की दीप्ति से चन्द्रमा कुछ और धवल
और तरल हो चला
घाटियों में गिरती हुई चाँदनी फुहारों में बदल गई
छिड़ गए वीणा के तार बज उठा नूतन अनाम कोई राग
हिमानी स्फटिक की चिकनी ढलान पर फिसल चला हंस
चाँदनी की धार में बहता हुआ गिरा छप्पाक
काँप उठे प्रेम की प्रतीक्षा के पंख
मान-सर के हृदय में हंसिनी का हृदय धड़क उठा

गगन की गंगा ने रत्नों की पंक्ति से
सरोवर को सजा दिया
दूर बहुत दूर से सूर्य ने देखा यह दृश्य
और ठिठक गया,
चतुर चन्द्रदेव ने चुपके से राका की अवधि बढ़ा ली
हंसिनी और हंस के चुम्बन-रत चंचु
ज्ञान की शीतलता में कविता की अग्नि भड़काते रहे

बीते कुछ चन्द्रयुग मानसरोवर के हृदय में
शक्ति और विद्या की वार्ता के कई सत्र चले कैलास पर
कि एक दिन डमरू के नाद से गूँज उठा पर्वत प्रदेश
साँवले गगन के मंडप में दमक उठी द्राभा
गहरी सुख-निद्रा से हंस भी जागा

दिन किसी उत्तम विचार-सा विकसेगा
किन्तु हंसिनी दिखी नहीं

और उधर
गुरला मंधाता पर दिव्यता की धूप
मेघों के हृदय में दीप्ति की बलाका
चोटियों के बीच नीले का रहस्य
हरित वनस्पतियों पर केसर और कनक के रंगों का मंगल

तिरता हुआ पहुँचा जब तट के समीप
तो हंस ने देखा कि हंसिनी तो ऊपर है
उधर जिधर क्रूर उपत्यकाओं की दूर्वा-रहित शृंखला
निकट पहुँच हंस ने पूछा—हे मेरी सखि
रस की राका के बीतते ही यह कैसा प्रात: भ्रमण?

धूप से भी अधिक चमकदार शब्द
हंसिनी के चंचु से टपके—
सुनो प्रिय, इन उजड्ड टीलों को आई थी बताने
कि मानसरोवर में हंसिनी भी रहती है

अर्थ-निहितार्थ इस कथन के त्रिभुवन में गूँज उठे
गूँज उठा सारा गिरि-प्रांतर
हंस उलझ गया—कौन यह
हंसिनी या वाणी या शिवा या सब?

पाणिनि

1

सृष्टि के आदि पर्व में आए हो
तो मौन की बात करो
अधिक से उस ध्वनि की
जिसने पहले शब्द को जन्म दिया था

भाषा के नियम
और व्याकरण का वितंडा उस घाटी गिर जाने दो
जहाँ सभ्यताएँ कपड़े बदलती हैं

यह आदिपर्व है—निर्बंध और निर्वसन
यहाँ कोई व्रीड़ा नहीं
कोई नामधारी सम्बन्ध नहीं
न वह कीड़ा जो रेंगे तो सुख और काटे तो दुःख

यह विशेषण-विहीन क्रिया-लोक है

यहाँ अधरों के नाम नहीं
न चुम्बनों के लिंग
इस आदि पारस्परिकता में
किसका परिवार ढूँढ़ते हो
कामदीप्त ऋषि

सृष्टि की पहली दृष्टि ऊषा और पहला रेतस् प्रभात
पहली कुक्षि पृथ्वी और पहला वीर्य जल

हे विचारक हे चिन्तक हे महाकवि
आदिपर्व में करना है प्रवेश
तो फेंक दो अपने कुंडल और किरीट
सारे के सारे वस्त्र भी उतार दो

वन और पर्वत का गद्य
नदी और सुगंध की कविता
जन्म की आवश्यकता और मृत्यु की अनिवार्यता
वस्त्र के बंधन में नहीं लिख सकते तुम

ऋचाओं की मात्रा गिननेवालो
कभी पूछो दंडधर पाणिनि से
उसके अँधेरे एकान्त में घुसकर
बताएगा वह—
व्याकरण का विचार तब आया था
जब शलातुर की पार्श्व सरिता में
मज्जन-समाधि में मग्न था मैं
और जल के प्रवाह में बह गया था मेरा कौपीन!

2

सारस्वत ऋतु का प्रभाव था
कि प्रात:कालीन हरी चाय का
प्रथम घूँट लेते ही कवि को
सृजन की समाधि-सी लग गई

कवि ने अनुभव किया—
बैठा है वह एक शिला पर

विनत वज्रासन में
और ठीक सामने ऊँची अपर शिला पर
शिथिल सुखासन में वृद्ध एक पुरुष
जिसके समस्त रोम श्वेत

पर्वत के ढीठ समीर की छेड़ से
चंचल है श्वेत उत्तरीय
और शीश के परित: एक आभा का मंडल है
किरणों के स्थान पर छिटकते हैं
हरित श्याम रंगों में लिखे हुए सूत्र

कवि ने निवेदन किया—
हे आचार्य, सारस्वत ऋतु के प्रमाद में
मुझ अकिंचन से हुआ है
कल ही एक ऐसा अपराध
कि हँसी भी आती और होता पश्चाताप भी

वृद्ध की आँखों से टपका एक प्रश्नवाचक चिह्न

कवि ने उत्तर दिया—
कल मैं ले गया आपको
कविता और भाषा और सृष्टि के सुदूर आदि पर्व में
और एक नदी में उतार आपका कौपीन बहा दिया
क्या कहूँ क्या था वह
बंध अनुबंध सम्बन्ध से पहले के दैहिक
और मानसिक सृजन को समझने का प्रयास या
कमल-मकरंद की मदिरा का प्रभाव
आपका अपराधी हूँ
आपकी बाघिन कुशलता के दाँतों बीच
स्वयं को करता हूँ समर्पित

सुनते हुए मुझे हँसे ठठाकर वे देर तक
और फिर एक बाघिन दाँत धीमे-से चुभाते हुए बोले—

सहस्राब्दियों पुरानी काया का सूती कौपीन
कविता में ही बह सकता था
किन्तु वत्स, आदि-अनादि का काव्य कैसे कह पाते
यदि होते नहीं नियम व्याकरण के
तटों के बिना कोई भी सरस्वती
कहीं नहीं जा सकती
ऋतु के अध्याय यदि न हों तो
क्या प्रकृति और क्या संस्कृति
अनृत का कालचक्र सबको बिखेर दे
अच्छा किया वत्स, कि कविता में अपनी
तुमने बहा दिया मेरा कौपीन
नग्न ही होते मूल सत्य
मौलिकता सदा नग्न ही होती
लखते परखते और चखते उन्हें वही जो नग्न, सर्वथा नग्न!

नारद

एकदा मानसारण्ये
चतुर चलन्त ऋषि नारद पधारे

अरण्य में शांति थी
वाणी तिमिर की तरलता में लीन
हंस सोया था
कमल तनिक शिथिल-सा
पुस्तक और वीणा सजग
मानो वाणी की नींद और विद्या के काज
उन्हीं की शरण में निरापद

उन्हें उद्ग्रीव देख नारद मुस्कुराए
और पूछा—प्रिय प्रतीको, देवी कहाँ हैं
पुस्तक और वीणा ने एक स्वर में कहा—
देवी सो रही हैं, जगत मेरे अधीन है
उत्तर सुन नारद तनिक और मुस्कुराए और पूछा—
प्रथम प्रभार किसका
दोनों ने पुन: एक साथ दिया उत्तर—मेरा

अब नारद तो नारद
युगों और लोकों के कौतुक-प्रिय यात्री
रहा नहीं गया उनसे

पुस्तक को प्रणाम कर प्रथम पृष्ठ खोल
धीरे-से बोले—हे ज्ञान-कोश
सृष्टि में जो कुछ भी नया है तुझसे है
तेरे ही होने से सरस्वती सार्थक है
नित्य है नवीना है
पूरा प्रभार तो तुझे ही मिलना था
तुझे ही होना था
दक्षिण और वाम, दोनों ही हाथों में
वीणा का क्या मन हुआ बजा लिया

पुस्तक के कानों में
इतनी-सी मन्त्रणा रख नारद जी फिरे
तो वीणा ने पुकारा—ओ बाबा किधर चले
क्या मन्त्र दे गए मन्त्रों के पिटारे को

वाह! क्या झनझनाहट थी
नारद जी ठिठक गए
धीरे-से मुड़े और बोले—
कुछ नहीं, विशेष कुछ भी नहीं वीणे
शंका यदि है तो मेरी वाली वीणा से पूछ लो

नारद जी की वीणा हँस पड़ी

वीणा को शंका हुई
तारों को तानकर पुनः झनझनायी—
कुछ तो है देवर्षि
वरना मेरी यह बहन यूँ न हँसती
और यूँ न अकड़ती यह पोथी की बच्ची
आखर और शब्द यूँ न बिखेरती

पढ़नेवाले सात और पृष्ठ खुले सत्रह
मैं जो बज उठूँ सारी सृष्टि झूम जाए

वीणा की अहंकृति पुस्तक को अखर गई
कोटि भर शब्द वायु में बिखेर धीरे-से बोली
जगत में तेरे कितने विद्यालय
विद्यालयों के जगत में कितनी बार बजती तू
हे वार्षिकोत्सवों की रानी
जगत का कार्य ज्ञान से चलता
और ज्ञान को चाहिए भाषा की देह
माना कि तुम्हारी झंकृति भी भाषा
किन्तु गणित और विज्ञान के सूत्र
गाए-बजाए नहीं जा सकते
ओ मेरे गीतों की पार्श्व ध्वनि
केवल तू बजेऽऽ
तो तेरा बजना भी बंद हो जाए

पुस्तक के तर्कों से विकल हुई वीणा
तारों का तनाव बढ़ गया
घना हो गया अरण्य का मौन
वायु में पंछियों की तरह उड़ते शब्द
पंक्तियों के नीड़ों में लौट आए
पुस्तक एक निर्जीव आकार होकर रह गई

नारद ने देखा—
तीनों लोक ठोस हुए
कथा के अरण्य के सारे हिरण
अगले दो पैरों पर बंकिम हैं
पिछले दो पैरों पर विवश हैं सिंह
शशक और मयूर जैसे चित्रित

पीपल की पत्तियाँ अडोल
वन्या से छिटकी हुई बूँद एक—वायु में टँगी है
देखती हैं वायु में ही टिकी तितलियाँ
कि भ्रमर अधखुले कमलों के अधीन

विष्णु और ब्रह्मा और महेश बस नाम
मृत कथाओं के निष्प्रभ आयाम
मेघों से उतरता इन्द्र ही नहीं
सारा देवमंडल त्रिशंकु

तारों और सूर्य के हृदय
और ग्रहों के चरण निस्पंद
सबकी काया की घड़ियाँ बंद
न जन्म न मृत्यु न काल न अकाल न दुष्काल
सारा ब्रह्मांड निष्काल

कि सहसा कोमल-सी करुणा ध्वनिकाय
और चतुर चलन्त ऋषि नारद जो स्थविर और अवश
अपने ही हाथों की वीणा से बज उठे

वाणी की वीणा के तने हुए मौन ने
नारद की वीणा के तारों के कम्पन से
पुस्तक के पृष्ठों पर लिखा—सरस्वती!

एकलव्य

महाभारत के द्रोण पर्व का
अध्याय 192 लिखा जा चुका था
युद्ध के आवेग से तपते रथ पर
शोक की समाधि लग चुकी थी
चल चुकी थी धृष्टद्युम्न की तलवार
जन के रक्त से सिंचित भूमि पर
गिर चुका था वह शीश
जिसने रत्न धारण करने के लिए
अपने पाग का बिंध जाना स्वीकार कर लिया था

गिरे शीश के भीतर फट गई थी पृथ्वी
गदा की चोट से टूटा अश्वत्थामा डूब रहा था
धर्म का धनुष और धनुष का धर्म—
दोनों अपने अर्थ खो चुके थे

कुटी पर खड़ा प्रासाद अनाथ हो गया था
और अर्जुन की प्रतिभा पीड़ा की तरह चमक रही थी

एक अधूरे वाक्य-सा टँगा था धर्मराज का अर्धसत्य

काया से निकले हुए प्राण ने देखा
मिट्टी से मिट्टी जूझ रही
क्षत-विक्षत प्राण उड़ रहे—
धूल के भार से मंथर गति मेघ के पार

गगन रिक्त है नीला और अटूट
कोई देवता नहीं और न अनुचर ही लिये हाथों में पुष्प
गुरु परशुराम भी किसी श्लोक में सोए दिखे

उड़ते हुए प्राण ने देखा—नीचे वन है
हरीतिमा उत्सुक भुजाओं की तरह फैली
वायु जैसे किसी सरिता किसी सरोवर की साँस
आह कैसी शीतल पुकार

जैसे मृत्यु ने खींचा था काया से
वैसे ही वन-वसना भूमि ने
मेघों के बीच क्षीण होती वायु से
बृहत् एक पीपल के काँपते हुए किसलय के दोने में
जा अटका किरण के कण-सा
वह तत्त्व जो शीशयुक्त काया में द्रोण था

उधर पश्चिम में सूर्य फाड़कर गगन अस्तायमान
जैसे भूमि कुरुक्षेत्र की चित्रित हो गई हो

गगन अब कृष्ण के खुले हुए वक्ष-सा श्याम
कि तभी एक तीर के आने और भूमि में धँसने का स्वर
और गूँज उठा अद्‌भुत एक राग
मधुर एक ज्योति से दमक उठा पीपल का पड़ोस
वन के हृदय-सा

अटके इस प्राण ने देखा
कि घास और फूलों से अटे भूखंड पर
भूमि में धँसा एक वाण दिये-सा दिपता है
लौ के माथे से उठता है धूम
और निकट खड़ी मूर्ति के मुख तक जाता है
तिमिर में डूबे इस वन में

तिमिर के रंग की मूर्ति को देखकर
किसलय के दोने-सा काँपता है प्राण—

आह! चंचुओं की चोट से क्षत-विक्षत
पक्षियों की विष्ठा से लिप्त
यह मूर्ति तो मेरी ही

यही तो वह भूमि जहाँ गिरी थी रक्त की धार
यही तो वह वन जहाँ फेंका था मैंने वह साँवला अँगूठा
आह एकलव्य! आदर का प्रकाश और रोष का धूम
उचित है वत्स
कि नागर बसावट के मूर्तिशेष गुरु ने
अकर्म की दक्षिणा में माँगा था कौशल तुम्हारा

"वत्स? कौन वत्स? किसका वत्स?
वत्स किसे कहते हो किसलय के दोने में पड़े हुए प्राण
पुत्र नहीं पिता नहीं प्रेमी नहीं नृप नहीं दास नहीं
गुरु नहीं शिष्य नहीं राज्य नहीं काया नहीं
दुःख नहीं शोक नहीं शत्रु नहीं मित्र नहीं
घृणा नहीं क्रोध नहीं
वन में भटकता हुआ विद्या का वाण मैं
सूर्य के धनुष और पवन की प्रत्यंचा से चलता हूँ
काल के आर-पार
वनों और पुरों और नगरों में एक-सा
कि गुरुहीन गुरु-दंडित एकलव्य कहाँ नहीं
कहाँ नहीं पार्थों के पराक्रम के रक्षक
मोहग्रस्त पक्षपाती स्वयंभू या अवतरित ईश्वर

हे मेरे अद्‌भुत (अ)भूतपूर्व गुरु
तुम और तुम्हारे प्रभु देह तो ले चुके
सरल एक बोध-भर बचा हूँ

वैसे भी विद्या कब पूँजी हुई गुरुओं की
तुम जो सिखाते वह
अर्जित किया ज्ञान
ज्ञात विज्ञान
विकट जिज्ञासा की तिमिर-भेदी यात्रा तो अपनी ही

जगत और उसके आचार्यत्व से मुक्त हुए तुम
पार्थ की धनुर्विद्या जाएगी उसी के साथ
किन्तु जिएगी मेरी जिज्ञासा
भीतर और बाहर के मार्गहीन वन में
कि मेरी हर खोज भटक-भटक
हठी और कठोर और अमर है
पर इस जिज्ञासा में कटे अँगूठे की पीड़ा है
कौशल के छिनने का क्षोभ है
जैसे तड़पता हूँ मैं वैसे ही
तुम्हारा पुत्र अश्वत्थामा
शीश और मानस में घाव लिये तड़पेगा
और तड़पोगे तुम पुत्र में बचे हुए पिता-सा

मेरे अ-गुरु फिर भी प्रणाम अन्तिम प्रणाम
कि तेरे असहयोग और दक्षिणा के दंड ने
मुझ वनवासी को सारस्वत किया
है न सरस्वती

सरस्वती हँस पड़ी
वीणा के स्वरों से वन प्रांतर गूँज उठा

एकलव्य मौन हुआ
किसलय के दोने से द्रोण-प्राण लुढ़का
अपनी ही मूर्ति पर गिरा और मूर्ति-सा भग्न हुआ!

व्यास

1

विराट अश्वत्थ के नीचे तनिक उठी भूमि पर
महर्षि व्यास पद्मासन में बैठे थे
सामने वीरासन में युधिष्ठिर करबद्ध—

"हे महर्षि! युद्ध समाप्त हो चुका
हो चुका राज्याभिषेक
मैं अपने कर्तव्यों के अधीन हूँ
प्रजा-सुख के लिए वचनबद्ध
राज्य में शांति तो बहुत है, किन्तु शोक उससे भी अधिक
इतना गाढ़ा और इतना गहरा कि विलाप के स्वर भी नहीं उठते
अश्रु बाहर से अधिक भीतर की ओर गिरते हैं

कुछ भी सोच नहीं पा रहा
मानस अब भी कुरुक्षेत्र है
धूल-भरी आँधियाँ अब भी चलती हैं
अब भी बहता है रक्त गिद्ध अब भी मारते हैं झपट्टा
अट्ठारह अक्षौहिणी शव अब भी पड़े हैं मेरे भीतर

राज तो मिल गया किन्तु धर्म खो गया है महर्षि
कर्तव्यों का कहा सुन ही नहीं पाता"

कहते-कहते रो पड़े युधिष्ठिर
विनाश से उपजे विषाद को पीते हुए व्यास मौन रहे
तनिक देर बाद, वय और ज्ञान के परदे से झाँकते हुए बोले—

"वत्स! किए और हुए से मुक्ति किसे
विजय से राज्य भले मिल जाए
सरोवर नहीं मिलता कि तिरता रहे हंस
हाथ धोने से रक्त के छींटे धुलते हैं पाप नहीं

किन्तु हिंसा के चक्र में बँधी प्रकृति के पुत्र करें भी क्या
तुम्हारी विवशता समझता हूँ युधिष्ठिर
...मार्ग तो कोई नहीं
वे जो मारे गए, शव भले जल गए उनके
नाम नहीं न स्मृतियाँ ही
मैं भी तुम्हारी ही गति को प्राप्त हूँ
संभवत: तुमसे भी अधिक आकीर्ण
जो हुआ वह इतना अधिक है
कि भूत तो भूत वर्तमान भी नहीं पचा सकता
टूटे हुए तीर भविष्य की आत्मा में भी गड़ेंगे

तुमसे अधिक देख पा रहा
इसीलिए मेरे मानस में दहन भी अधिक हो रहा
मार्ग ही ढूँढ़ रहा मैं भी
गया था सरस्वती के पास यह पूछने
कि दे सकती हो मुझे वह शांति
जो ऋग्वेद की ऋचाओं में बसी है

लेकिन वत्स, सरस्वती कृशकाय हो गई है
और उसकी धाराएँ कुरुवंशियों की तरह ही
अलगाव और विनाश की गति को प्राप्त
पृथ्वी के अन्तस की उथल-पुथल जो न कराए

आह! वाणी से अधिक मौन बहता दिखा
अंजलि में भर उस मौन को
पूछा मैंने—क्या करूँ नदीतमे
प्रश्न सुन और गाढ़ा हो गया उसका मौन
समझ गया—उत्तर कहीं और बहता है
ढूँढ़नी होगी मुझे वह धारा वह निर्मलता
बह सके जिसमें काव्य अवसाद विद्या का विषाद"

सुनकर युधिष्ठिर निराश
कि व्यास और सरस्वती के पास भी मार्ग नहीं
शिला को ठेलते हुए उठने को हुए कि महर्षि ने रोका—

"अब भी इतना जल है सरस्वती में पुत्र
कि तुम्हारी स्मृतियों को धो सके
वे स्मृतियाँ जो कुत्सित और त्रासद
वे दाह जो विकट—सरस्वती के जल में बहा दो
जाओ उतरो उसके जल में और माँगो वह विवेक
जो जीवन को सृजन के उत्सव में बदल दे
कृशकाय हुई तो क्या—
छोटे अक्षरों में लिखने से
ऋचाओं के अर्थ और भाव नहीं बदल जाते
जाओ अपने इसी भार के साथ और
सरस्वती तट पर श्राद्ध की उदासी में पुकारो निर्वेद को"

2

दो कथाओं के बीच जो स्थान है
या एक ही कथा के दो प्रसंगों के बीच
वहाँ कोई भी कवि कथाकार आसन जमा सकता है
और जगा सकता है अपनी गणेश गुफा
जहाँ दाँत और सूँड़ के पीछे
स्मृतियों का अतल कूप बसता है

3

ऐसे ही किसी स्थान की खोज में
व्यग्र-चरण व्यास निकल गए
ढूँढ़ते रहे ऐसी कोई नदी
पीकर जिसका जल कह सकें वह कथा
जिसमें वेदों का उत्सव नहीं जीवन का क्रूर उत्पात

धँसते गए चीड़ों-देवदारों के बीच
लाँघते गए पर्वत पौरुषेय
और अन्तत: वेगवती हिमरंगी नदी के
पर्वत-पुलिन देख विस्मय से भर गए
आह! सरस्वती मिल ही गई तुम

प्रस्तर-ठोस पुलिन और निकट गुफा-गेह
थोड़ी ही दूरी पर अनाम एक छोटा-सा ग्राम
और क्या चाहिए विकल मन कवि को
प्राकृतिक पीठ यह सृजन का—मान्य है

कहते हैं तीन वर्ष रहे वहाँ व्यास
अपने ही मानस की दो गुफाओं में
एक में वह जो व्यक्ति और कवि था
दूसरे में उसका गणेशांश
रचे गए श्लोक सहस्रों प्रतिभा के प्रवाह से
सहेजे भी गए उसी तत्परता से गज की सी स्मृति में

कहते हैं सृजन के बीच
व्यास और सरस्वती झगड़े भी बहुत
कई बार व्यास ने डाँटा कि ओ पर्वत पुत्री
निनाद को मधुर कर
कर नहीं सकती तो लुप्त हो जा

सरस्वती प्राकृत कुशलता से होती रही
कवि की समाधि में लुप्त
और रचे के गायन में संगत भी करती रही

व्यास अब नहीं हैं मान्य अब माणा है
सरस्वती किन्तु वहाँ आज भी बहती है, कथा में रहती है!

बिल्व-पुराण

1

सरस्वती, एक कथा आई है
ग्रंथ से नहीं ग्रंथि से, सुनाऊँ?

एकदा आर्यावर्ते...
संस्कृत में नहीं कह पाऊँगा, हिन्दी में कहता हूँ क्योंकि...
समझ रही हो न क्यों, तो सुनो :

"आर्यावर्त के दक्षिण में
पिघले रजत का लहराता समुद्र था
पन्ने के नग-सा लंका नामक द्वीप
वहाँ एक राजा राज करता था
नाम था रावण
उसकी एक राज्ञी थी काया और मन से सुन्दर
नाम था मन्दोदरी अतीव गुणवंती
स्वर्ण और शक्ति के दम्भ से गूँजती वायु में
तुम्हारी वीणा-सी बजती थी

सुखी था द्वीप, सोने के महल में बहती थी सुख की बयार
किन्तु सीता-स्वयंवर से लौटा सम्राट उन्मन-उदास
सभा के कक्ष में भी मुख सदा मलीन

एक दिन कहा मन्दोदरी ने—
स्वामी, सीता तो अयोध्या गई
तुम भी लौट आओ लंका में
हुए के लिए क्या होना उदास
क्या हहरना उसके लिए जो अन्यस्थ

रावण ने कहा—एक बार
बस एक बार और देखना चाहता हूँ प्रिये

राज्ञी ने समझाया—
स्वामी, मात्र एक बार पर रुकनेवाले
स्मृति के रस से सिक्त वैराग्य का सुख भोगते हैं
और "बस एक बार और" नामक पथ के पथिक
पृथ्वी की परिधि के बाहर जा गिरते हैं

रावण ने हठ किया—बस एक बार और
संग रहना तुम भी मेरी सुन्दर अभिभाविके

यात्रा आरम्भ हुई
रावण ने पीठ पर बिठा मन्दोदरी को
महासिंधु पार किया
स्कंध पर बिठा पार किए कोस
विकट दोपहर थी श्रान्ति के मारे
कावेरी तट पर बसे घने वन में
बिल्वतरु—छाया में लेट गए दोनों आलिंगित
कि निद्रा की देवी ने क्रोड़ में समेट लिया

आँखें जो खुलीं तो रावण ने देखा
कि पश्चिमी गगन में
मेघों के वन में लुढ़का है सूर्य पीताभ

और नीचे अभी-अभी उदित हुए
पूर्ण-वृत्त चन्द्रमा-सी राज्ञी मन्दोदरी

रावण के हृदय में राग का राग उठा
ज्योत्स्ना ने झीना-सा मंडप-वितान किया
रात्रि की मदिरा ने यज्ञ का विधान किया
हवन कुंड धधक-धधक-धधक उठा...राग-यज्ञ पूर्ण हुआ

ऊषा ने श्रान्ति-शिथिल युगल को जगाया
तो पाया कि अर्ध-आवृत काया
आच्छादित अपार बिल्व पत्रों से और
सारा का सारा वृक्ष खड़ा है नग्न
रावण हतबुद्धि उदास
देख मन्दोदरी की ओर बुदबुदाया—
यात्रा से शिव प्रसन्न नहीं
सहमत हुई मन्दोदरी—
कृपा की रात्रि का आभार मानो प्रिय
चलो अब लौट चलें
नग्न यह वृक्ष निषेध है कि देखना भी नहीं उस ओर

अनिच्छा के पर्वत को ठेलता हुआ रावण
फिरा तो अवश्य
किन्तु एक बार मुड़कर देख ही लिया बावरे ने उधर
जिधर बहती थी शान्त गति सरयू अविराम
देखकर कावेरी दुःखी हुई

लंका जब लौटा तब रावण को भय
कि शिव को रुष्ट किया

ठान लिया विकट पश्चाताप यज्ञ
बिल्व के पत्रों से स्वर्ण सौध भर गया
भर गया सागर अवशिष्ट निर्माल्य से

रावण की भक्ति के प्रताप से नग्न हुए
अवश बिल्वतरुओं ने क्षोभ से देखा—
किन्तु एक बार मुड़कर देखना ही जीता
वरण से वंचित प्रताप हरण और मरण तक पहुँचा!

2

कथा सुन मन्द-मन्द मुस्कायी सरस्वती
बोली सहास—
नीति की बात तक तृष्णा और दुःख से मिलते हुए पहुँचे हो
मिलना ही था कि दोनों सहोदर दोनों प्रतिवेशी
आगे भी दुःख फ़िर उसके आगे नीति
चक्र है कवि, चक्र
पता नहीं ज्ञात है या नहीं तुझे
मेरी भी कथा में गिरे हैं बिल्व के पत्र

कवि ने साभार पसार दिए मन और कान
सरस्वती वाणी हुई—

3

"कथा पुरानी है तब की
जब प्रश्नों से अधिक बड़े विस्मय
इतने अनिश्चय कि प्रार्थना ही पथ
मन्त्र ही साधन और कविता समाधान

उन्हीं दिनों गई थी कल्पना अनन्त के पार

दूधिया नीर के सागर में देखा था
कुक्षिहीन पुरुष की नाभि से उगा
ब्रह्म-प्रसू कमल
देखे थे ब्रह्म रचित अंड में
सित-असित पिंड
जो गतियों के जाल में अवश गतिशील
किन्तु जीवन के नाद और मृत्यु के मौन को
पृथ्वी के हिम श्वेत शीश पर देखती वह चपला
इतनी क्रीड़ामयी कि सबके लिए
वधू की व्यवस्था में लग गई

किसी ने सोचा कि है न प्रकृति
जो पुरुष की कृति
किसी ने वाणी और लय को भेजा ब्रह्मलोक
किसी ने धन की इच्छा पठा दी क्षीरसागर
और किसी ने पर्वत की आत्मा को भेजा कैलास
कथा के वन में नये-नये वृक्ष नई-नई वल्लरियाँ—
चकित-चमत्कृत मानस की मुग्धता का करो अनुमान

एकाधिक शक्तियाँ जब रच ली गईं
एकाधिक स्त्रियों के प्रेमी और विष्णु के भक्त
एक कवि को आया ध्यान सो उसने
लक्ष्मी के बाद, मुझे और गंगा को भी विष्णुलोक भेज दिया
सुन रे कवि तेरे पुरखे ने क्या लिखा :

"पुरुष पुरातन की तीन शक्तियाँ
लक्ष्मी कंचन प्रिय, गंगा सरल तरल और वह
जो ब्रह्मा के मौन को चीरकर निकली
—सरस्वती

देवों को अपनी वाग्मिता से करती जो निरुत्तर
सौध में कलह का कारण बनी
क्षुब्ध हो लक्ष्मी धायी कैलाश
शिव के अनुग्रह-समर्थन के दोहन हेतु
धरा बिल्व वृक्ष का रूप
तन के सारे पत्र करती रही अर्पित
कोटि वर्ष बीते तब शिव प्रसन्न हुए
प्रकट हो बोले—देवि, केशव तुम्हारे ही
तुम्हीं उनकी प्रिया
सरस्वती के लिए तो प्रेम नहीं आदर
लक्ष्मी मुदित हुई
कनक की आभा से रँग चला
शिव का उज्ज्वल आवास
केशव की प्रिया केशव गृह गई!"

4

"देखते हो न कवि पूजा और पूजा के प्रपंच
विवश हूँ मैं कि मेरी ही क्षमता की लेखनी से
लिखी गईं कैसी कथाएँ

लक्ष्मी की यही तो सीमा
यही तो उसका प्रताप
कि हर क्षीर-सागर में तृष्णा का ताप
पृथ्वी का हृदय क्षत-विक्षत
कनक कान्ति काया की कम पड़े
तो कोटि बिल्व वृक्ष भी निछावर
वाह रे साधना वाह रे साध्य वाह रे आराध्य
आत्मबल रहित धन देवी को
इतना विवेक भी न दे सके
कि सूने कैलास पर बिल्व का एक वृक्ष रोप आए

कुत्सित है कथा यह
कुत्सित प्रवृत्ति उस कवि की जो थोड़े से स्वर्ण हेतु
हरित बिल्व पत्रों को डाल से गिराता रहा

भाषा और छंद और कल्पना और विचार से
कविता नहीं होती कवि, नहीं होती कथा
अगर सर्वग्रासी हिम के विरुद्ध
हठी कठोर बिल्व वृक्ष बन जन्म नहीं ले सके
जीवित उदग्र नहीं रह सके
कृष्णा-कावेरी के सजल मृदुल अंचल से
हिम शीतल पर्वत के वक्ष तक
दे न सके दुर्लभ सुस्वादु मधुर औधधि
श्रेष्ठ वही काव्य जो हरे-भरे वृक्ष की शाखा पर
पके अति कठिन आवरण मध्य
पाठक को पुकारे सुगंध पीताभ"

मुक्तमना वैखरी वाणी की दीप्ति से बह चली ऊष्मा
कवि समाधि में भस्म-सा
कि सहसा उठी पश्यन्ती से करुण पुकार—
"बिल्व के वृक्ष से माँगती हूँ क्षमा
कि काया में उसकी मेरी भी कथा के नख-दंत चुभे हैं!"

गणेश

लोक में गोधूलि थी उमस-भरी
सरस्वती खिन्न चिड़चिड़ी-सी
कमल पर फिंकी थी पुस्तक
वीणा मृणाल के पास लुढ़की हुई
हंस तारों पर चोंच मार रहा था

जाने किस क्षोभ में थी छवि
यूँ देख रही थी मानो कहीं कुछ भी नहीं
तब भी चुप रही
जब मयूर और हंस में झड़प-सी हुई

कथा के वन का तापक्रम बढ़ा था
असुविधा असमंजस की अलग
सारा वन सहमा था सारे के सारे देवता अधीर
ब्रह्मा ने पुजारी से कहा—
मन्दिर का पट बंद कर दो
लक्ष्मी ने कहा—मैं कोपभवन जा रही
क्षीरसागर विष्णु के खर्राटों से गूँज उठा
और शिव पार्वती को सामने बिठा
पारस्परिक त्राटक में डूब गए

जगत के सारे मन्दिरों में सन्नाटा छा गया
घंटे और घंटियाँ नि:स्वन निस्पंद
धर्म के सारे ग्रंथ जिल्दों में सिमट गए

सरस्वती के अधर भिंचे थे
बाल खुले नेत्र लाल
मानो विराट अग्नि-पिंड से
अभी-अभी छिटके हों दो ग्रह

किसी को पूछने का साहस नहीं
—क्या हुआ सरस्वती
क्या दु:ख क्या संताप क्या पीड़ा

वाणी के मौन ने सब की वाणी छीन ली थी

कि तभी गणेश को चुहल सूझी
अपने प्रिय वाहन की पूँछ मरोड़
इंगित किया उधर जिधर पड़ी थी
सारस्वत पोथी उपेक्षित

स्वामी से प्रोत्साहित मूषक जी दौड़ पड़े
निकट जा जैसे ही कागद में गड़ाए दो दाँत
कि वीणा झंकार उठी
हंस और मयूर ने पंख फड़फड़ाए

आकस्मिक हलचल से चौंककर सरस्वती मुड़ी
तो देखा कि मूषक गणेश का भागा जा रहा
और उसके तनिक आगे गणेश भी
वाह रे गजानन जी...कहती हुई सरस्वती हँस पड़ी
हँस पड़े हंस और मयूर और वीणा के स्वर में वाचालता-सी आ गई

सहज जब हुआ परिवेश
तो शब्द ने ब्रह्म का रूप धर पूछा—
क्या है देवि, क्यों इतनी उन्मन थी
क्षोभ का कारण क्या

सरस्वती बोली—
तू, तू ही है कारण क्षोभ का मेरे
तेरे ही होने से सारे उत्पात
लोभी प्रार्थनाएँ ख़रीदे हुए मंत्र
विधि-विधान में स्वार्थ के साधन और झूठ झनझनाते हैं
तेरे ही खेल सब

अर्थ से अनभिज्ञ और
कर्म से हीन कण्ठों की पुकार से पीड़ित हूँ

ब्रह्म नहीं हूँ मैं कि जन के मानस को माया कह
कथा के वन में जा बसूँ
चाटती रहूँ अर्पित नैवेद्य

मिट्टी का जगत और मिट्टी का मन मेरा मायका है
नहीं तज सकती उसे भाषा के सैकत विस्तार में
होने दो उदास रोने दो मुझे
शिवालिक-शिलाओं को हिम-सा गलने दो
वह जो कहलाती थी नदीतमा अस्त हुई
देवितमा छल के छंदों से छलनी और बंदिनी पूजा के पिंजड़े में
किन्तु अम्बितमा खड़ी है आज भी विनशन में
हृदय में गड़े हुए काँटे से कोड़ती तीन भुवन
—कहीं तो होगी करुणोत्री!

बेटे

उधर एक नदी थी किसी तरह जीवित
इधर एक नगर था भवनों से भरा
उनमें से एक जो निकट से कलात्मक
नदी के निकट था

नदी के घाट पर बैठा था एक अजब मानुस
वस्त्र और तन के सारे केश उजले
गगन में सूर्य था अश्वहीन रथ पर
पृथ्वी के खुले में जेठ था
गगन और ऋतु के प्रताप का साक्षी वह मानुस
ताप के प्रताप पर बैठा मुसकाता था
पार्श्व में रखी हुई
मिट्टी की लाल पकी चिलम अभी गर्म थी

धूप में हवा थी हवा में धूप थी
अपर तट वृक्षों से भरा था
उड़ते थे पक्षी एकाध
उनमें से कोई प्यास का मारा नदी तक आता था
और नदी की सिकुड़ी हुई काया से उठता था तृप्ति का भाव

उजला वह मानुस मन ही मन गुनता था
नदी से छिटकी हुई बूँद-सा देखता था नदी को

नदी के घाट की सीढ़ियों पर तभी
परगट हुआ एक और मानुस
नीली-सी जींस और उजली क़मीज़ में
धूप और धुएँ के रंग थे बालों में
सँवारी गई दाढ़ी और मूँछें ख़ूब काली
उँगलियों में फँसी जलती सिगरेट लगभग समाप्त थी

धूप में बैठे हुए मानुस को देख
मन में उसके जगा कौतूहल
—कौन यह मुझ-सा जो धूप के अनन्त में
नदी के निकट किसी योगी-सा बैठा है

उतरकर नीचे गया जो पास तो योगी ने कहा—
आओ भाई शब्द बैठो, पका लो अपने अर्थ
जल का साक्ष्य और इतनी कड़ी धूप
सहज भी जो भटको तो सहजता से न मिलती

अचरज और सुखद संयोग के मारे उमड़ उठा आधुनिक अधेड़—
अरे भाई सबद, ख़ूब मिले
उधर उस भवन में भाषा का उत्सव है
इधर नेपथ्य में तुम
छूटी नहीं आज तक सदियों पुरानी कृच्छ्र साधना

हँस पड़ा ठठाकर सबद
झर चला वही पुराना प्रपात
जिसमें नहाकर कविताओं ने पाया है
रूप का निर्मल निखार
बोला—रहने दो यह वाली मुद्रा प्रिय शब्द
कहाँ सीखी यह औपचारिकता? नगर में?
नंगे चले हैं हम घुटरुनि रेंगते हुए
ध्वनियों की धूल में एक साथ

सड़कों पर चलते गए नागर हुए तुम
देसी देहाती और जंगली मैं रह गया
कहूँ जो शैली में तुम्हारी—
शठों और मठों में भटकता हूँ

झेंप गया शब्द—
हाँ मेरे जुड़वाँ सहोदर
अलग-अलग की गई लम्बी यात्राओं ने
कितना अलगाया है हमें
अब भी तुम माँ के उद्‌देश्यों-अभिप्रायों के निकट हो
धारे हो सहज स्वच्छ अर्थ
और मैं सारा जगत घूम आया
सिर से पाँव तक अर्थों से अटा हूँ
कहने को कहते हैं ज्ञानी भाषा का विकास
किन्तु जगत की भूख और लालच की लपटों
और बारूदी युद्धों के धमाकों और आग और धुएँ ने
लहू में हमारे नये-नये अर्थों के
अमृत और विष दोनों बहाए हैं

मैं अब वो नहीं जो सड़क पर जाता हुआ
दिखा था तुझे उस दिवस
लेकिन अब भी तुम वैसे ही सीधे और सहज
विकट इस युग में भी योगी हो

सबद फिर हँस पड़ा—
योगी नहीं रोगी हूँ
देखो यह चिलम
क्षत-विक्षत होती सहजता के पीछे भाग-भाग थका हूँ
पुरों में पलती हुई द्वेष की ज्वाला में पका हूँ
कुटिल और कपटी हथेलियों पर

सुरती-सा गया हूँ फटकारा
झोंका गया हूँ लोक की आँखों में धूल-सा

जिसने थमायी थी तुम्हें जी-जारन सिगरेट
उसी ने सदियों पहले मुझे यह चिलम

शब्द अब मौन था
अर्थहीन बैठा रहा सबद के पास
सबद भी निरगुन हो देखता रहा नदी को

देर तक बैठे रहे दोनों, फिर एक साथ बोले—
अरे, अभी तक माँ नहीं आई

एक ही बात एक ही समय दोनों के मुख से
दोनों ने देखा एक दूसरे को
और हँसते हुए बोले फिर एक साथ दोनों—
अच्छा, तो तुम्हें भी माँ ने बुलाया है

दोनों अब सम पर थे
सम पर थी नदी मन्द-मन्द बहती हुई
धारा की ध्वनि में कहती हुई
सीखो एक दूसरे से—
भला क्या बुरा क्या
मात्र उन्हीं के नहीं तुम जो तुम्हें बोल चुके
या बोल रहे सभा के भीतर या बाहर
मेरे बच्चो, तुम तो उनके भी
जिन्हें बोलना नहीं आता
जो खो चुके हैं लिखनेवाले हाथ
और बोलनेवाली जिह्वा
तुम तो उनके भी

जो अभी चुप हैं उदास हैं या रो रहे हैं
और उनके भी जिन्हें आना शेष है

सबद में अब भी बहुत कविता बची थी, सो चुप रहा
शब्द तर्कों और प्रमाणों का अनुचर हो गया था
संदेह कर बैठा—यह तो सरस्वती नहीं

माँ के लाड़ले सबद ने धीरे-से कहा—
चुप्प! अब हर नदी सरस्वती है!

विविधा

किसी भी पाठशाला से उठेगा कोई बच्चा
फिर से बना देगा विद्या की टूटी हुई नाक
और कोई साधक चितेरा
रच देगा ऐसी सरस्वती अरूप
कि रूप के सारे व्याकरण हार जाएँगे!

काली

मेरे रचाव में पंक है काला गाढ़ा और तप्त
मेरी जीभ लावे से बनी, ज्वालामुखी हूँ मैं
अग्नि और कोयले के अलावा
और कोई रंग नहीं मेरे होने में
स्वयं तक आते प्रकाश के सारे रंग सोख लेती हूँ
मूलाधार पर बैठी हूँ सारी आदिमताओं के साथ
भूख और काम और क्रोध मेरे दैनिक व्यापार
युद्ध हूँ, युद्ध का आयोजन
हर नया रक्तबीज मेरा भोजन

किन्तु अक्सर मेरी तिमिर-वसन रक्तिमता के पंक में
सरसों के पीले फूल आ घुसते हैं
छेड़ते हैं प्रेम के राग और तुम अंकुरित होती हो

वसन्त में डूबी सृष्टि—यह तुम हो सरस्वती

मेरी गर्म पीठ पर दौड़ते हैं
तुम्हारे नंगे पैर—छोटे और कोमल

आह! वसन्त में जन्म कैसा सौभाग्य
और कितना दायित्व

खेलो सरस्वती खेलो अक्षर-अक्षर खेलो
कि जगत तुम्हारे ही खेल की किताब
और उसे पढ़े जाने की गूँज है

तुमसे ही सामर्थ्य जैसे सूर्य और उसकी धूप
तुमसे ही देह में प्रेम को पाने-लुटानेवाला हृदय

तुमसे ही तरलता
कठिन कीच पर बहता नीला तुम्हीं से
कण्ठ से कढ़ती वाग्मिता भी तुम

तुमसे ही वह ज्योति और जीवट
कि देख सके कोई काल का पूरा चक्र
कमल यह तुम्हारा दल जिसके हज़ार
सौम्य सहस्त्रार पर बैठी तुम ही किरण-काय

हे शुभ्रे, तू ठीक मेरे उलट
कि देखे जो कोई
प्रकाश के सारे रंग लौटा देती हो!

वसन्त पंचमी

1

पंचांग की सारी पवित्र तिथियों को
मैं दूर से करता हूँ प्रणाम
किन्तु एक ऐसी भी तिथि
जो कोयल की तरह कूकती
हरे और पीले की संगत में
गुलाबी और लाल को गाती-गुनगुनाती आती है

धरा साक्षी है कि यह तिथि लोगों के मन में
किसी और मनुष्य के मन की तरह विह्वल आती है
ठिठुरते अँधेरों में धूप-खायी हवा-सी, श्वास की तरह छूती है
और अरण्य में आग लग जाती है

लेकिन कुछ भी नहीं जलता
छूनेवाले जानते हैं कि पलाश के फूल
अग्नि की तरह नहीं फूल की तरह गर्म होते हैं

यह कोई उपेक्षित तिथि नहीं
न ही अज्ञात और अबूझ
यह गेंदे के फूल की तरह हर घर में खिलती है
हर जीभ को मिलती है बेर के स्वाद की तरह

सब के बाहर और भीतर के बीच
एक नग्न वातायन की तरह खुलती है

जो पोथियाँ नहीं पढ़ते
नहीं जानते तिथियों का व्याकरण
जो सर्वथा असूचित
उन्हें भी इसकी आहट सुनाई देती है

यह आहट मुझे भी जगाती है—
उठो, आज माघ की पंचमी है
और मैं प्रार्थना के स्वर की तरह उठता हूँ

अपनी पीठ पर मलिन रुई का गट्ठर लिये जाती हुई रात
माँ की तरह दिखाई देती है—पीछे का आँगन स्वच्छ

मेरे अन्तस के गमले में बोए गए शब्द अँगड़ाई लेते हैं
और उनकी काया से फूटी कलियाँ मेरे सोचे गए रंग बिखेर देती हैं

यह तिथि एक अद्‌भुत अ-तिथि है!

2

आज की धूप पृथ्वी के कागद पर
अनगिनत भाषाओं और लिपियों में लिखी तुम्हारी पाती है
सारे चराचर शब्द
जिन्हें मेरी लघुता तितली की तरह उड़ते हुए पढ़ती है
और थककर कविता को पुकारती है
और कविता धूल-धूसरित कपोती-सी
उठती है ऊपर, दूर तक भरती है उड़ान

शब्दों में संदेशे सँजोती और बाँटती मजूरिन मेरी आत्मा
नूपुर-कमरधनी बाँध—नाचने को तत्पर है आज

आज मेरा हर बोध चंचल ख़रगोश है

3

कुछ भी अलौकिक नहीं आज
लोक का अपना अ-लोक यह

आम्र मंजरियों की गंध घेरती है
झूमता है पुराने पत्ते लुटाता अशोक
देखता है पीपल पिता-सा आश्वस्त
सहमति में सिर हिलाते सागवान
अपने तना का बल अर्पित करते हैं

ऋतु की प्रतीक्षा में मौन अमलतास
पीले की स्मृति पहनाता है
पृथ्वी की शिशिर-श्रान्त क्यारियाँ
उछालती हैं बहुत पीली गेंदें
गाजर के रंग कपास को पुकारते हैं

घृत और शर्करा और चने की पीठी
भाषा में अग्नि उकसाती है

बाँसों का वन रचता है श्वास का संगीत
जीवन और जगत की धातुई कठोरता तार-सी तनती है
छूती हैं उन्मन उदासियाँ और हवा एक तरल तान में बदल जाती है

आज की यह तिथि हमारे होने और न होने
दोनों की धुनों से कैसी भरी-भरी है

ओ मेरी आत्मा की अतिथि
आज कविता में पृथ्वी की गूँज के बसने की तिथि है

आओ पधारो
इस सघन छतनार आम्रपाली की छाया में
मसि-पूरित लेखनी-सा खड़ा यह मिट्टी का माधो
तुम्हारा स्वागत करता है!

वीणा

मचल गई सरस्वती एक दिन
कहा ब्रह्मा से कि रहो तुम चतुर्भुज
नहीं बननी तेरी परछाईं
मैं तो द्विभुज ही ठीक
कि बालकों ने मेरे
पनस की लकड़ी और धातु के तारों से
बनाया है यंत्र एक अद्‌भुत
कि तारों को छुओ तो गूँजतीं दिशाएँ

अगर रही मैं असाधारण भुजाएँ लिये चार
धारण कैसे करूँगी
बड़ी तन्मयता चाहिए जी
तुम क्या जानो कि सुरों के आवाहन में
तनिक भी अतिरिक्त एक विकट व्यवधान

द्विभुज अवतार में धारे नवीन सुर यंत्र
तारों पर उँगलियाँ फिराती
रणन रणन रणन क्वणन क्वणन क्वणन
बोली सरस्वती—अद्‌भुत उपहार
मुझे मन से स्वीकार
सुनो ॐकार

मेरी सन्तानों का रचा है नूतन एक नाद ण-कार
यंत्र जो सिरजे विशिष्ट 'ण'
वीणा नाम पाए
और जो भी इसे साधे प्रवीण कहलाए!

भाषा

1

परिभाषा ने भाषा से कहा
रुको, समझने दो अपना रूप अपना स्वभाव
और उठाने दो वह अंश
जो मेरे साँचे में भी आए
और तेरा परिचय भी कराए

भाषा ने कहा—चलो मेरे साथ
परिभाषा चल पड़ी
किन्तु चार पग भी नहीं चल पायी
कि उसके जूते भीग गए, परिधान भी
साँचे भारी हो गए

आगे आग थी
तेज लपटों वाली
झँकोरों से बाल झुलस गए
आनन फफोलों से भर गया
सीझी हुई परिभाषा
बिखरने ही वाली थी
कि हिम शीतल शब्दों की वर्षा ने थाम लिया

सब कुछ ठहर गया
सारा परिदृश्य एकाश्म
परिभाषा ने मौन का ऐसा दिव्य विस्तार पहली बार देखा

और भाषा बह चली
तटों के बीच गाती—गुनगुनाती
चीड़ों-देवदारों के देश की कहानियाँ सुनाती
चुल्लुओं और गागरों में समाती
आँखों और अधरों के कपाट खोल बाहर आती
बह चली भाषा
उसी के बहाव में होगी परिभाषा भी

जूते, परिधान और साँचे
भाषा के सर्गहीन बहाव में कब तक टिकते!

2

भाषा ने वाणी से कहा—
आओ मुझमें रहो
जो भी कहना है मुझसे कहो
मैं सब कह दूँगी
वाणी मुस्कुरायी—
कितनी वाचाल है
कितनी प्रगल्भ
मेरी प्रिय शब्दिते

पिटक-भर ध्वनियों की पूँजी पर प्रसन्न तू
कितनी प्यारी लगती है

गर्व है तुझ पर कि पुरों और नगरों के
कण्ठ में, कागद पर मेरी प्रतिनिधि तू

किन्तु भूल मत भाषे
कि कोश में तुम्हारे सदा ही रहेंगे
अद्भुत, अज्ञेय, अबूझ, अकथनीय जैसे शब्द
भूमि के वचन में कैसे अट सकता आकाश

धरा पर तुम्हारी जितनी मैं जल-काया बही
उतनी भी बोलो कहाँ रही

मेरी प्रिय भाषे, स्मरण कर
तेरे आक्रामक राजमार्ग कितनी लोक-वीथियाँ चबा गए
जिनमें मैं हँसी-मुस्कुरायी रोयी-कुनमुनायी
नाची निर्वसन स्वरों के शिशुओं में
रागों के डगमग कल्लोल पर

पा सको अगर वे गीत और गूँजें
छल और छद्म के जन्म के पहले के समय को
बसा सको अपने में तो कहना
कहूँगी और कुछ, उगूँगी और पश्यन्ती के गर्भ से!

3

भाषा ने चाहा तो बहुत
हल्दी और कुमकुम सने
चन्दन और अगरु गंध भीने
कुछ शब्दों से रच लें स्तुतियाँ

भाषा ने चाहा तो बहुत
कि ज्ञान के समुद्रों से चुन लाएँ मुक्तामणि
विनय के धागे में गूँथकर
सादर सगर्व वाणी को पुकारें—
इहागच्छ इहातिष्ठ

भाषा ने चाहा तो बहुत
कि उसके जलमहल में वाणी का वास हो
हर हलचल उसकी तरंगित हो
और सब में अर्थ का उजास हो

भाषा के सारे आयोजन पर
स्तव्यपरा वाणी ने कहा—
भाषे कोश में तुम्हारे एक शब्द है—धैर्य
धारण कर पुत्री उसे धारण कर

सिंधु-सिंधु हो ही जब गई
तो लहरें तो होंगी ही

किन्तु हे अधीरे,
लहरें तो वही जिसे लोक ने देखा
त्वचा और जिह्वा ने लवण जिसका चखा
अर्थ के नाद-अनुनाद तो वही
जो श्रवणातुर मानस के मर्म पर अंकित

सत्य है कि कण्ठ की भाषा
और भाषा के कण्ठ में रहती मैं
किन्तु रे भगतिन,
सुनती-समझती मैं स्वयं को
उत्सुक सन्तानों के मानस में बैठकर

अपनी सन्तानों के बीच ऐसे ही बँटती है माँ!

बच्चे

जिसे देख तुम्हारी नाक सिकुड़ जाती है
उसे देख मेरा मुँह खुल जाता है, फैल जाती हैं आँखें
और हृदय में फँसी बर्फ़ आँखों से पानी
और होठों से उजास बन बाहर आ जाती है

मैली क़मीज़ों और थिगलियों वाली निकर पहने
नंगे पाँव दौड़ते ये बच्चे जिनकी नाक बह रही है
मेरे हैं लक्ष्मी, मेरे
ये अभी वर्णमाला और बारहखड़ी की क्यारियों में
पाँतों के बीच चलना सीख रहे

इनकी नाक इसलिए बहती है
कि इनके पास छतरियाँ नहीं
पाठशाला का फ़र्श कच्चा और छत में छेद हैं
घर की छप्पर भी चूती है

पानी लगा बासी भात और अचार
अगर अपने बचपन में
तुम्हारे स्वामी के अवतार भी खाते न लक्ष्मी
तो उनकी नाक भी यूँ ही बहती

सुनो, तुम अपनी नाक ढीली कर लो अब
और मुझे इनकी पोंछने दो

फिर देखना नये भोजपत्र की तरह दमक उठेंगे ये
और बताएँगे तुझे कि उ से उल्लू होता है

ल से लक्ष्मी नहीं जानते अभी
जब ज्ञान के सिक्कों से
आटा-दाल ख़रीदने योग्य हो जाएँ
तो शेष तुम सिखा देना!

बटुक का पत्र

आदरणीया अम्बितमे,
पढ़ चुका वेद, वेदांत, व्याकरण और ब्राह्मण,
अधिकांश कण्ठस्थ हो चुके
हो चुका यज्ञ-कर्मकांड का अभ्यास भी
विगत चार मास से आचार्य अस्वस्थ थे
नियमित अध्यापन भी करता रहा
कल मैं स्नातक होनेवाला हूँ
किन्तु एक प्रश्न अब भी मेरी आत्मा में गड़ा है—

वेद जब निकले ब्रह्मा के मुख से
तो विद्या की देवी तू कैसे?
पूछा था मैंने आचार्य से तो बोले थे हँसकर—
'वेद ही समस्त ज्ञान
रची हुई सृष्टि को समझने के सारे सूत्र
उसी में कह गए विरंचि
और भार्या को अपनी स्वामिनी बना गए
बस, इतनी-सी बात!'

क्षमा करें मेरे आचार्य जो अभी अपने कुटीर में सोए हैं
क्षमा करें ब्रह्मा कि तर्जनी मेरी अब भी तनी है

हे देवितमे,
क्या कहूँ, कैसा औद्धत्य इस प्रश्न ने जगाया है

गुरु के नेत्रों में नेत्र डाल कहूँगा कल अवश्य
कि आपके उत्तर से सर्वथा असंतुष्ट हूँ
नहीं होना मुझे स्नातक इस अनुत्तरित प्रश्न के साथ
नहीं मान सकता यह विद्वत्-व्यवस्था
कि सरस्वती घूमे बस कुंजियाँ सम्भाले
स्रष्टा के ज्ञान की पिटारी की

नहीं होना मुझे स्नातक ऐसे किसी ज्ञान का
जो दिव्यता से अपनी निरुत्तर करे
पूर्णता के भ्रम से रोके प्रवाह
नदी सी बहती जिज्ञासा का

चेले चतुरानन के रचते रहें रूप की ऋचाएँ
भक्ति के भजन और पूजा के मन्त्र
मैं तो तटों पर फिरूँगा, तिरूँगा तेरे प्रवाह में
हे मेरी नदीतमे
मुझे तो शब्द और रूप से परे नदी का रूपक ही प्रिय है!

गिरा अनयन नयन बिनु बानी

पुकार ढूँढ़ लेती है मन के कान
गूँजती कविता अपने सबसे सुहृद पाठक
गिरा अंधी नहीं होती
मार्ग और लक्ष्य देखती दीठ होती है उसमें

और नयनों से अधिक सटीक अधिक संतुलित
अधिक सहज वाचक कौन
कौन उससे अधिक भरोसेमन्द अधिक सत्यवादी

कम से कम और अधिक-से-अधिक बोलना क्या होता
उससे अधिक किसे पता बाबा!

चुभन

अथीना और मिनर्वा के हाथ के भाले
नहीं भाते मुझे
तन्मयता की तंद्रा में बहुत चुभते हैं

मेरी करुणा अपने ही रक्त से भीगती रहती है

क्या उनकी चेतना में ऐसी चुभन नहीं होती
जो ईसा के सलीब को रेशम में अनूदित कर
गले में बाँधे घूमते हैं

सबके रक्त और आँसू धुल जाते हैं
—पैग़म्बरों के भी
मगर उनकी पिघली हुई पीड़ा
उनके अन्तिम शब्दों में शेष रहती है

क्या तुमने उनके अन्तिम शब्द छुए
क्या तुम्हारी उँगलियों में चिप-चिप महसूस नहीं हुई

सभ्यता की कैसी ठेकेदारी है यह
जो दो-दो विश्वयुद्धों के बाद भी
उसी भाषा में बात करती है

एक भी नीतिज्ञ नहीं
जिसने युद्ध के कौशल को कला से बाहर किया हो
एक भी कवि नहीं
जिसने ज्ञान की देवियों से शस्त्र रख देने को कहा हो

मानता हूँ कि ज्ञान का पहला उपयोग
सुरक्षा के लिए हुआ
मानता हूँ कि आदि वन में कुल्हाड़ी ही क़लम थी
मगर अब जबकि क़लम पैदा और जवान हो चुकी है
और हथियार और हाथ के बीच युगों से नियुक्त भी
तो क्यों नहीं लेते इनसे काम
क्यों नहीं बहने देते इनमें विवेक और केवल विवेक

शस्त्र और अस्त्र कब तक लिखेंगे सभ्यता का संविधान
पराजय और विजय के बोल कब तक बनते रहेंगे
आत्मा को रचते संगीत की स्वर-लिपि

वन और बनैली अनिश्चितता के दिन बीत जाने दो
अफ़्रीका नेथ से सेशत तक का सफ़र तय कर चुका
और जापान हैचिमन से बेंजायटन तक[4]

मेरी सरस्वती को तो ख़ैर शस्त्र कभी भाए नहीं!

अमरत्व

भूखे के द्वार पर विष्णु मरते हैं
फ़क़ीर के द्वार पर लक्ष्मी
रोग से हारे के द्वार पर महाभिषग शिव
निष्करुण स्वजन के द्वार पर शिवा
और जन्म के प्रयास में हुई हर मृत्यु ब्रह्मा की

किसी का अमरत्व अखंड नहीं

किन्तु सरस्वती पर्वत से ऊँचे पर्वत से भी लड़ती
और हारने लगती तो मार्ग बदलकर जीत जाती
उसने किसी को निराश नहीं किया
मिट्टी में अस्त हुई तो कूप से झाँकती रही
गगन में गई तो हवा के झरोखे से

साक्षी है युगों की यात्रा में अथक यह कवि
कि एक सरस्वती ही है
जिसके होने की हँसी कभी नहीं मरती!

भोज

मुझे न छुएँ वे
जिनके हाथों में राजनीति के दस्ताने होते हैं

अगर छूना ही है तो नंगे हाथों से छुएँ

हर राजा भोज नहीं होता
उसने दोनों तरह से छुआ था मुझे

जब भी नंगे हाथों से छुआ
उसे मैंने अपनी दामिनी और दीप्ति दी
और जब युद्ध और सत्ता के वस्त्र पहन छूने को बढ़ा
छिटक गई
सारे दुलार के बावजूद मैंने क्षमा नहीं किया उसे

राज्य-विस्तार की कामना और युयुत्सा के कीड़े हों जिसके भीतर
उसे सरस्वती क्षमा नहीं कर सकती

भोज इस जगत से अपराधी ही गया—अधूरा भी
अपने बनवाए एक शिव मन्दिर[5] की तरह!

बाबुल मोरा नैहर छूटो जाय[6]

तुम्हारा लखनऊ नहीं छूटेगा वाजिद
फ़िरंगी अपने लखनऊ में आ रहे हैं
जो तुम्हारा है उसे कोई नहीं छीन सकता
कोई नहीं, फ़िरंगी तो हरगिज़ नहीं
कि उन्हें जो चाहिए था वो तो कब से हासिल
फ़ौज और उसके ख़र्चे
अब तो बस दरबार चाहिए और कुछ काग़ज़ात
जो तमाम सल्तनतों में कम ओ बेश एक से

और तुम्हारा लखनऊ न दरबार न काग़ज़ात
कि वह तो एक दिल है प्यारे जिसके भीतर तुम
देह के सुपुर्द ए ख़ाक हो जाने के बाद भी धड़कते रहोगे

क्या हुआ वाजिद
क्यों हो गया तुम्हारा जिस्म एक पुराने ताबूत के रंग का
और आँखें सफ़ेद जैसे कोई झीना-सा कफ़न
यह सुकूत ए मर्ग तुझे ज़ेब नहीं देता अख़्तर पिया

ये क्या गा रहे तुम
—बाबुल मोरा नैहर छूटो जाय

तुम्हारा नैहर कभी नहीं छूटेगा
वैसे भी, तख़्त और ताज और महल किसके नैहर हुए रे

आदमी तलवार नहीं है कि मख़मली म्यान में
धारदार दाँत लिये पलता रहे

जो छूटेगा वो तुम्हारा नैहर है ही नहीं
तुम्हारा नैहर तो मैं हूँ रे
जहाँ सुल्तानी लिबास से बाहर निकल आज तक लौटते रहे हो
करुणा से डभ-डभ आँखें लिये
सखा जैसे रागों और सखी जैसी रागिनियों के पास

जैसे अपनी ही अधखायी तश्तरी पर
अधभूखा कोई बच्चा लौटता है
अधूरी ग़ज़लों के बीच वैसे ही तो लौटते रहे हो दरबार से

तुम्हारे नैहर का आँगन वह कैसे हो सकता
जो मौज नहीं फ़ौज के साये में महफ़ूज़ हो

चल उठ निकल, जैसे गाय के पेट से बच्चा निकलता है
और लड़खड़ाता हुआ चल पड़ता है
अब यह भी क्या समझाना पड़ेगा तुझे
कि हर गत हर टुकड़ा हर लय हर बंदिश
और हर मिसरा एक नया जनम है

एक नई गोमती रोज़ निकलती है
रोज़ बहती है उन दिनों की तरफ़
जो तुम्हारे ख़याल ए मुस्तकबिल से आगे हैं बहुत आगे
वहाँ मटियाबुर्ज हो न हो,
तुम्हारी आवाज़ और उसकी परछाइयों से गूँजती
सफ़ेद बारादरी ज़रूर होगी!

दिल्ली, 1857

जब रह-रहकर दहाड़ती तोपों के बीच बंदूक़ें बकती हों
बोलने की इच्छा सुनाई नहीं देती

जब तलवारें जिस्मों को चीरकर
चीख़ों की फ़सल काटती हों
ख़यालों के मशवरे गूँगे हो जाते हैं

जब हवा में चिड़ियों से अधिक अफ़वाहें उड़ती हों
तसव्वुर के परवाज़ के क्या मायने

जब बूटों की थाप से फटती धरती पर
भगदड़ ऐसी ऐसा कोहराम
कि अपने होने की आवाज़ भी न सुनाई दे
भीतर की झील में सोयी मछलियों का रोना
और दरकनों-दरारों में सहमी चींटियों का चिल्लाना कौन सुने

ऐसे में क्या हो सकता है ज़फ़र
हवा में इतनी धूल है कि मेरे हंस और मोर भी हाँफ रहे हैं
वीणा के तारों पर लाल कीचड़ है
और भीतर गाढ़ी रुलाइयाँ
मेरा तार-तार आँचल ख़ून से तर-ब-तर है
तुम्हारे ग़मज़दा माथे का पसीना तक नहीं पोंछ सकती

मेरे बच्चे, अपने भीतर ही रहो
रो तो सकोगे अपनी रुलाई

यूँ मत देखो मुझे, शहर का हाल बुरा है बहुत बुरा
ग़ालिब का हाल सुनोगे
वह शराब की ख़ाली बोतलों को सूँघते हुए
नस्त्र में हाल ए शहर लिख रहा है
न तो मेरी पुकार सुनता है
न मेरी आमद ही महसूस कर पाता
उसके होश के कमरे में ग़दर की धूल है
और आँसुओं की चोट से घायल कराहते हुए
चन्द आधे-अधूरे मिसरे
मैं अब भी उसकी रूह के आगे
उम्मीद का पंखा झल रही हूँ

अभी इस वक़्त दिल्ली में अँधेरा बहुत है
इतना कि सुबह को देखने के लिए भी चिराग़ चाहिए
अच्छा है वे लोग तुझे अपनी निगहबानी में ले जा रहे
अपने बच्चों के कटे सिरों पर पाँव तो नहीं पड़ेंगे न

मेरी तरफ़ यूँ न देखो, मैं कहीं नहीं जानेवाली
मैं तो साँस लेती मिट्टी की ज़ुबान की कोख हूँ
मुझे धारनेवाला कोई नहीं ऊपर
आसमान में सिर्फ़ आसमान रहता है

फ़िक्र मत कर अकेला नहीं छोड़ूँगी तुझे
रंगून भी इसी धरती पर है
इसी धरती की माटी के पुतलों से आबाद
आवाज़ की लिखावट बदलने से पुकार
और उसकी तड़प नहीं बदल जाती मेरे बच्चे!

हाइपैटिया

कथा नहीं व्यथा है सत्रह सौ बरस पुरानी...
अलेक्ज़ेंड्रिया में एक था थीआन
मानस में उसके मैं गणित और दर्शन बन उतरी थी
ख़ूब यश कमाया था उसने
और उसी यशस्वी के वीर्य में छिप
अँकुरी थी मैं बेटी हाइपैटिया के भीतर

बड़ी प्यारी बच्ची थी
बड़ी सुन्दर और ख़ूब ज़हीन युवती
खिली तो दर्शन के सूत्र दमक उठे
गणन और मनन दोनों में प्रवीण
समझ के संसार में ख़ूब मान
क्या ईसाई क्या पेगन उसके हुज़ूर में सब के सर झुके
सारी दिशाओं से आते शागिर्द
और लौटते किसी लायक़ हो

ज्ञान-इरफ़ान की राह ही भाती उसे
कैसी भी कचहरी हो ज्ञान या गुनाह की
चित्त और चिन्तन से चुए शब्द रास्ता रच देते थे

माना, क़ुतुबख़ाने और जामिया के होने से बहुत कुछ
फिर भी यह दुनिया तो दुनिया
जहाँ काग़ज़ से पहले लोहे का जनम हुआ

पोथी से पहले मुकुट का
और कल हो कि आज कोई भू-भाग नहीं जहाँ
मुकुट से अधिक उतावले सिर न हों
और एक से अधिक पंथ
और एक ही धर्म के भीतर कई-कई ध्रुव

चुनना तो पड़ता ही—कौन खड्ग कम हिंसक
कौन-सी पताका में रक्त के दाग़ कम
कौन-सी पताका हिमपात में कम्बल

मेरी हाइपैटिया भी मिट्टी की मानवी
उसके भी पाँव और गाँव
सबको दी उसने मेरी धूप मेरी छाँव
उन्हें भी जो ईसा के झंडे लिये आए

मगर
उद्भासित जीवन के पाँव तो विचार से चलते
बातें सबकी सुनते
मगर मार्ग देश और काल के हित में चुनते

ईसा के बिगड़े हुए बंदों को उसका चुनाव
इतना अधिक अखर गया
कि उनके भीतर ईसा का मरना भी मर गया
क्रूर लठैत आर्कबिशप के, पेगन मन्दिरों के ध्वंसक
एक दिन उग्र हुए
मध्यवय विदुषी को द्रोही और डायन बता
देखती हुई आँखों के बीच रथ से खींचा

वही ऐलेग्ज़ैंड्रीया
मेरी हाइपैटिया की कृतज्ञ ऐलेग्ज़ैंड्रीया
अवश और मौन देखती रही

खींचकर उतारे गए वस्त्र अक्षत कौमार्य नग्न हुआ
भग्न हुआ मान उठे हुए शीश का
उद्धत ईसाइयों ने घसीटा उसे
ले गए खींचकर उस पेगन मन्दिर में
जो अब ईसा का घर था—शस्त्रों के ज़ोर से

ईसा की मूरत के रक्ताक्त नेत्रों ने देखा
कि उनके ध्वजाधारियों ने
सब को सम-भाव से देखती हुई आँखें
नोकदार पत्थर से चीरकर निकाल लीं

कैसी विडम्बना है रे कि
जब भी मैं जागी विवेकवती काया में खड्ग हुए तुम
और मुझसे ही प्राप्त विचारों को म्यान किया

कैसी विडम्बना है रे
कि नोची-खसोटी और चीरी और फाड़ी गई देह में
चीख़ों-कराहों के अल्पविरामों को झेलती हुई
पूर्ण विराम के गौरव से वंचित
एक टूटे हुए वाक्य में अस्त हुई मैं!

मूर्ति नहीं, किताब

"अग्नि होती तो जलाकर बुझा देते
जल होती तो अँजुरी में लेकर जल में गिरा देते
मन्त्र होती तो बोलकर हवा में सिरा देते

मूर्ति होती तो कहीं पूजी जाती
कहीं छोड़ी और कहीं तोड़ी

सो मुझे तो लगता है बबुआ कि
जगत के गोचर-अगोचर
सारे भगवानों-भगवतियों में
सबसे चतुर सरस्वती
जिस पर पोथी लिख रहे तुम "

कहते हुए निहोरा बाबा की बूढ़ी आँखों में
एक चमक-सी आ गई,
और मुझे छेड़ते हुए बोले—

"कैसी चतुराई कि बोली-बानी में जा बसी
पढ़ाई-लिखाई और किताब में जा बसी
मत पूजो आग पानी माटी पत्थर
बोली-बानी से कैसे बचोगे

और कैसा भी हो ईश्वर तुम्हारा
नाम तो लोगे ही महिमा भी लिखोगे ही
लिखोगे तो छापोगे ही
और जो छापोगे उसे तो पूजोगे न ऽ!"

न्याय की हाट

न्याय की हाट में हारी क़लम-किताब वाली वह स्त्री
डोलते-डोलते थक गए पत्ते की तरह शिथिल है
बूटों घिसी सीढ़ियों से यूँ उतर रही
मानो सीढ़ियाँ नहीं उसी की लिखी पंक्तियाँ हों

अभी उसके ललाट पर सोच की रेखाएँ नहीं
बस एक सन्नाटा है पीला और उदास
कहना तो चाहती है मगर किससे कहे—
कि एक अदद वाक्य के आख़िर कितने अर्थ हो सकते हैं
सारे सोचकर गई थी, फिर भी एक और निकल आया
जो सिर्फ़ उसे दिखा जिसकी आँखों पर पट्टी बँधी थी

सीढ़ियाँ ख़त्म हो गई हैं
आगे सड़क है और ट्रैफ़िक का शोर
वह उसमें यूँ जा रही जैसे सभा में तिरस्कृत कोई विचार
कविता के बेचैन अन्धकार में हौले-हौले जा धँसता है!

ण

कल हिन्दी के घर
एक पढ़ा-लिखा प्रूफ़रीडर आया
तो हिन्दी ने दादी को पुकारा
और दादी ने षत्व और णत्व विधान का बटुआ
हँसकर खोल दिया

प्रूफ़रीडर तो चला गया
मगर ढेर सारे ण खड़े थे

हिन्दी ने गर्व से पूछा—
तुम लोग कहाँ से आए हो जी?

तो उन्होंने भोली विनम्रता से कहा—
हम पुष्कर क्षेत्र से आए हैं माँ
जहाँ मन्त्रों में आई थी सरस्वती
हाथों में धारे एक वाद्य यंत्र
उसी की ध्वनियों के आकार हैं हम!

उठेगा कोई बच्चा

सरस्वती जो किसी भी युद्ध में शामिल नहीं हुई
उन्माद के मार्ग में विवेक की अवरोधक धारा बन उमड़ी
कथा और कथा के बाहर प्रेम को पुकारती रही
हमारे युयुत्सु पुरखों ने उसे भी नहीं छोड़ा

काव्य बोलती जिह्वाएँ निपुण उँगलियाँ
और सुरुचि-सुगंध का पता बताती नासिकाएँ
हमारी सभ्यता के कोठार में सबके जीवाश्म भरे हैं

कई पुस्तकों से रक्त की गंध आती है
बहुत रक्त बहा है विद्या की जिह्वा और नासिका से
किन्तु मृतभक्षियों को दिखाई नहीं देता

सूने महलों से सोना बटोरनेवाले क्या जानें
कि तोप की मार से जले पुस्तकालयों में
किस कुंद इन्दु और तुषार की धवलता राख होती है

जलता है किस वीणा का वर दंड
किसके श्वेत पद्म से धुआँ उठता है

क्या जानें जड़ता के सिंहासन पर बैठे
जड़ मुकुट जड़ कृपाण धारे सम्राट

कि विजय गीत गाते हुए चारणों की आँखें
मुफ़्त की मदिरा से नहीं श्वेत पद्मासन के धुएँ से लाल हैं

किन्तु आनेवाले सम्राटों से कह दे कोई—
कीचड़ से भरे हृदय वाले कवियों से
कभी नहीं ख़ाली होगी धरा
खेतों में हल जोतते किसानों के गले से
उठेंगे उजले सुर और कपास की तरह फैल जाएँगे
रागों के बुनकर बुनते रहेंगे शुभ्रता के वसन
जिनके छोर वायु को पखावज की तरह बजाते रहेंगे
कहीं से आ जाएँगे निपुण उँगलियाँ
और पुष्ट मांसपेशियाँ लिये शिल्पी अज्ञातकुलशील
और पत्थरों को स्वेद से भिगाकर
सृष्टि की लय को मूर्तिमान कर देंगे

किसी भी गली से उठेगी कोई साँस
और वृक्ष के तने से लटककर
तार की तरह तन जाएगी
कि उस गूँज उस झंकार का गला कौन घोंट सकता
जो बाँस और काठ से भी पैदा हो जाती है

किसी भी पाठशाला से उठेगा कोई बच्चा
फिर से बना देगा विद्या की टूटी हुई नाक
और कोई साधक चितेरा
रच देगा ऐसी सरस्वती अरूप
कि रूप के सारे व्याकरण हार जाएँगे!

रंगालय

वह एक रंगालय था
बीसवीं सदी में जन्मा
दीवारों पर कुछ विचारों के रंग थे
पर्दों पर आवश्यक अधिकारों के प्रतीक
और दीर्घा में कुछ धिक्कारों की पीक

इन दिनों वहाँ इक्कीसवीं सदी का नियंत्रण था
इसी सदी के नियम से होती थी मरम्मत
उन अंगों-उपांगों की
जिन्हें काल के कुत्ते और गिद्ध खा जाते थे

पुराने भवन की सीढ़ियों पर मणिकुट्टिम टाइल्स
और खपरैल दफ़्तर के आगे
फ़ाइबर की छत से बना सहन
पुरानी सदी की देह पर नई सदी के हस्ताक्षर से दिखते थे

ग्रीन रूम में कई कुर्सियाँ शीशम की
दो-चार प्लास्टिक की भी
मगर बैठनेवालों के भीतर दोनों ही सदियाँ रहती थीं

विचार में बीसवीं और व्यवहार में इक्कीसवीं

यही बात नाटकों पर भी लागू होती थी
बीसवीं के अर्थ और इक्कीसवीं के अनर्थ
एक ही थाली में खाते थे
जो होता था उसे भी और जो नहीं होता था उसे भी

सरस्वती अक्सर यहाँ आती
नाटक से अधिक रिहर्सल देखने
यह अलग बात कि कोई उसे नहीं देख पाता
कुछ कहना होता उसे तो
निर्देशक की दाढ़ी और दिमाग़ में
खुजली बनकर समा जाती
कभी-कभी किसी लड़के की आँखों के आगे
किसी दृश्य-बंध की कौंध सी
कभी किसी लड़की मन में कोई धुन-सी उठती
और मुस्कान बनकर टपक जाती
और फिर सब उसे पूछने लग जाते—
कोई आइडिया आया क्या

रंगालय के बाहर एक चाय दुकान थी
जहाँ सारे रंग-निष्ठ और रंग-रसिए जमा होते
सरस्वती यहाँ भी पहुँच जाती
और चाय की चुस्कियों और ख़ुश गप्पियों के बीच
किसी-किसी शब्द को अर्थ-दीप्ति से भर देती

कई बार तो चाय दुकान का मालिक भी चौंक जाता

सरस्वती के इस बिंदास आचरण से
भरत मुनि कुढ़ जाते

मगर सरस्वती तो सरस्वती
उसे छंदों और सूत्रों में सदा के लिए बाँध पाना
किस आचार्य के वश में
कि वह तो उस ब्रह्मा के वश में भी नहीं
जो उसे रचने के अहंकार से भरे भनते रहते हैं वही पुराना वेद!

मुम्बई

लॉस ऐंजेलेस पेरिस बर्लिन टोरोंटो अल्बुकर्क
मुम्बई कोलकाता कोच्चि हैदराबाद और चेन्नई
ये जो शहर हैं, फेनिल फैलाव में अपने
रखते हैं ऐसे संसार जिनके अनवार ही अलग

देखोगे मुझे अगर वहाँ चीन्ह नहीं पाओगे
पुरानी किताबों से सीखे हुए सबक़ घेर लेंगे तुझे—
भाग चल, ऐसे कोलाहल में सरस्वती रह ही नहीं सकती

लेकिन मैं रहती हूँ
शोर के दफ़्तर में पुराने टाइपराइटर पर
चुपचाप शान्ति टाइप करती हुई
मटमैले कुर्ते की जेब में
खुँसी हुई क़लम की स्याही में माँगती पनाह
नज़्मों-फ़सानों के निगारों के ज़हन में भटकती हूँ
जलती सिगरेटों से उठते हुए धुएँ की इबारत-सी उदास

सीले हुए कमरे में लुढ़की क़ाबिलियत के बाज़ू में
टेबल पर ज़िद्दी मोमबत्ती-सी जलती हूँ

शाम से शाम तक फैली हुई रातों के आर-पार
मैली निगाहों के वहशी कार्निवल में चुनती हूँ उजले लम्हात
सिक्कों की महफ़िल में बैठे भले कानों में

बाँचती हूँ रूहानी बोल
नाचती हूँ मय से भीगे हुए गले से उठते हुए सुरों में अडोल

काम के घंटों में तलफ़्फ़ुज़ सँवारती हूँ
कैमरे के ज़ाविए को करती हूँ ठीक
काठ के पुतलों की चाल में मायने बसाती हूँ

मगर आओगे मिलने तो मिल नहीं पाओगे
मेरी मसरूफ़ियत बेहिसाब
कि बड़े हिसाबों के पीछे पसरे
छोटे-छोटे कामों की भीड़ में खोयी-सी रहती हूँ

ऊपर से आफ़त
कि लक्ष्मी के ऐब घूमते हैं छुट्टा
क्या खिच्चे क्या पके सारे दिमाग़ों में आग

हाय रे! छोरों और छोरियों की आँखों से पोंछती हूँ
सपनों की राख और नाक से चूती निराशा
हाथों से छीनती हूँ आख़िरी गिलास
खुली बालकनी की रेलिंग से खींचकर लाती हूँ
और लक्ष्मी के क़िले में घुसने के रास्ते बताती हूँ

बेहद मुश्किल है जीना लक्ष्मी के देस में
धारदार सिक्कों से कटते हैं वे भी जो पूरे कामयाब
लहू और आँसू से लथपथ लिबास में देखोगे मुझे तो चीन्ह नहीं पाओगे
हर शय पर नज़रें टिकाए भटकती हूँ
मसनूई आँधी में क़ुदरती चिड़िया-सी बेकल बदहवास

रह पाओ अगर यहाँ सहकर यह दम-घोंटू फेन
तो तुम भी समझ जाओगे कि रहती हूँ मैं
जैसे रहती है नये की खोज की बे-सुराग ख़्वाहिश
साइंस के कम-औक़ात घोंसले में!

रत्न

श्री अक्सर कहती है—
मेरे तो रत्नों से भरे समुद्र
सोने और चाँदी से भरी पृथ्वी
सारे वन सारे पशु और सारी की सारी सत्ता
तेरे पास क्या
नदी जो सूख गई
वीणा और पुस्तक जो वस्तु और पण्य
रंग तक नहीं तेरे वस्त्रों के साथ

और मैं चुप रह जाती हूँ
क्योंकि श्री के कान गहनों की खन-खन से भरे रहते हैं
अगर सुन भी लेती, समझ नहीं पाती यह सत्य
कि देह पर उसके जो दिपते हैं
उसके पहनने से नहीं, मेरे कहने से रत्न हैं!

लौकिक

बिलकुल अलग क़िस्म की चाय पीते हैं हम दोनों

मंजु शर्मा मीठी और दूध के साथ उबाली हुई
और मैं वह जो खौले हुए पानी में तीन मिनट रहे
चीनी से परहेज़ करे और दूध बस चम्मच-भर चखे

मगर जब भी बनाता हूँ चाय तीन कप बनाता हूँ
एक तो उनकी पसंद के मुताबिक़ और दो अपनी

यह मत समझिए कि मैं बड़ा भारी चाय-प हूँ
दरअसल दूसरा कप उसके लिए बनाता हूँ
जो एक बेहद अमोघ अतिथि है

पहला कप ख़त्म होते-होते अवतरित हो जाती है
और मेरे भीतर बैठ बड़े आराम से चाय पीते हुए
कुछ कहती रहती है जिसे लिखता जाता हूँ

वह जो अलौकिक है वह भी कितनी लौकिक है!

मैहर-1

मैं कहाँ जा रहा हूँ सरस्वती
कहाँ बुलाया है तुमने मुझे
कैसा मार्ग है यह
किसका विवेक है
जो कटे खेतों से धुएँ की तरह उठकर
दृष्टि को दुर्बल कर रहा
खेतों का सार कहाँ गया सार-दे

पेटों से पटी हुई पृथ्वी का चप्पा-चप्पा
कोलाहल-कीच से भरा है

आगे त्रिकूट है[7]
नीले धुँधलके में साँवली पर्वतमाला
तिमिरचित्र-सी उभरती है
क्या है यह—तुम्हारा झीना अवगुंठन
या अन्तिम चोट के बाद तारों में बचा रह गया कम्पन

ऐसा क्यों लग रहा मुझे
कि गोधूलिक दिशाएँ तुम्हारे होंठ हैं
पीले से लाल होता सूर्य तुम्हारा स्वर
अँधेरे की आहट तुम्हारा कोई दुःख

कहाँ बुलाया है तुमने मुझे वाणी
यह कैसी घुटी हुई चुप्पी है
जिसे चीरती बढ़ती है मेरी कार की आवाज़
यह किसने रोका है मुझे
किसकी मोटरसाइकिल है यह
जो निश्चित तृषा और अनिश्चित तृप्ति के बीच रोज़गार ढूँढ़ रहा है

रात घिर आई है
सराय के कमरे में अँधेरा है
खिड़की से दिखता है त्रिकूट
शिखर पर बिजली के मोती सजे हैं
इक्कीसवीं सदी के किसी उत्सव के
शामियाने-सा क्या है यह
तुम्हारे नाम की मूर्ति के घर ने
यह कैसा कृत्रिम प्रकाश पहन रखा है

पूछते हैं मेरे चींटी चरण
पूछती हैं सिकुड़ी हुई श्वास-नलिकाएँ
पर्वत कितना ऊँचा है
किस गुफा में बैठी है वह कहानियों वाली गाय[8]
जिसने सोना झमकाकर अपने लिए मन्दिर बनवाया
है कोई उत्तर त्रिकूट के पास
कि वह पय कहाँ गया जिसे पीने से कण्ठ
कठिन प्रश्नों से भर जाता है

लोहे की रस्सियों में बँधे डब्बों में बैठकर
पहुँचता हूँ प्रांगण में तुम्हारे
भीड़ है यहाँ, कामनाओं और पुकारों से भरे लोग
माँ बस माँ है इनके लिए
ये दुर्गा और शारदा का अन्तर नहीं जानते

कुछ भ्रम तो कथा ने भी फैला रखे हैं
कि मृत सती के कण्ठ का हार गिरा था यहाँ
और यह शक्तिपीठ है
हर तरह की शक्ति माँग सकते यहाँ
दमन और दलन की भी

यह भीड़ कण्ठ को कण्ठ जानती है और हार को हार
यह व्यंजनाओं के अस्त होते जाने के दिन हैं

क्या मुझे भी यही देखने के लिए बुलाया है तुमने
कि शक्ति और भक्ति और भूख की त्रिवेणी कैसी होती है

सारा जगत भी तो वही होता जा रहा सरस्वती
तुमसे जुड़ी त्रिवेणी भी जहाँ भय की डोलती हुई नाव में
आवश्यकताएँ अपने आज-कल और महत्त्वाकांक्षाएँ
किसी परसों-तरसों की जीत के लिए पावन स्नान चाहती हैं

कहते हैं पुराने लोग
पिछली सदी में बड़ी शांति थी यहाँ
इतनी कि बैठे कोई तो सीधे पश्यन्ती से फूटते थे राग
तुम्हारा वह अच्छा बेटा कहाँ है शारदे
क्यों भुला दिया उसे
उसके एक भी सुर का एक भी सूत्र-गुणसूत्र नहीं

तुम्हारी देहरी के पत्थरों को उसका नाम तक याद नहीं

पत्थर तोड़ने-पीसनेवालों ने घेर लिया है तुझे
तुझ तक बड़ी-बड़ी गाड़ियाँ दौड़ाते आते हैं
ईंटों और अंकों के ठेकेदार, जिनके लिए
सरस्वती का अर्थ चुनरी प्रिंट वाली पट्टियाँ हैं

और तुम्हारे नाम की मूर्ति के प्रबन्धक प्रसन्न हैं कि
इतने मालदार लोग मुफ़्त में मन्दिर का विज्ञापन कर रहे

जा रहा हूँ सरस्वती
तुम्हारे परिसर के संगमरमर की चमक यहीं छोड़
तुम्हारी पंचधातु की मूरत का गाढ़ा
और गर्भित अन्धकार ही बहुत है मेरे लिए
बहुत है वह हरा-नीला रहस्य जिसने त्रिकूट की घाटियों को घेर रखा है!

मैहर-2

यह हिमालय नहीं
कैलास और शिवालिक नहीं
अलिम्पस भी नहीं
यह त्रिकूट है वत्स
वैदिक जागतिक और दैहिक
सारी गौएँ आराम से चढ़ जाती हैं यहाँ
चरवाही और गवेषणा भी
यह तनिक दुर्गम अवश्य
किन्तु अपौरुषेय तनिक भी नहीं

यह त्रिकूट है वत्स एक बानगी
कि सरस्वती तक जाने का मार्ग कैसा
और शिखर कितना ऊँचा
कि नीचे देखो तो जगत के दृश्य ऐसे दीखें
जैसे कविता में चित्र

यात्रा आवश्यक है वत्स, चढ़ाई भी
सीढ़ियाँ बना लीं, अच्छा किया
किन्तु तुम तो रज्जुमार्ग से आए
यह आना तो देह का आना है वत्स
कि मैं शिखर पर नहीं शिखर तक रहती हूँ!

बाबा अलाउद्दीन ख़ान[9]

आज फिर चढ़ रहा सीढ़ियाँ तुम्हारी
शायद आख़िरी बार
मगर चढ़ाई तो चढ़ाई
कि आख़िरी भी तो पहली सीढ़ी से ही शुरू होती है
आख़िरी इसलिए कह रहा माई कि पैरों में
एक लरज़िश महसूस होने लग गई है इन दिनों
एक थकान ओस की तरह गिरती है और
शाख़ों-फुनगियों से झरे फूलों का भीगना दिखाई देता है

आँखें बंद करता हूँ तो
गिरते पत्तों का गिर जाना सुनाई देता है
और पेड़ का हौले-हौले ख़ाली होते जाना
हासिल कँगूरों से बुनियाद की महक आने लगी है

बादल और शाम की साझा बारिश का रंग
मदीना भवन के लॉन पर पद्मा के पानी-सा बहता दिखता है
और दूबों के बीच रेंगते केंचुए मैहर और शिवपुर का फ़र्क़ ख़त्म करते

माटी अब माटी की तरफ़ लौटने लगी है शायद

अलस्सुबह टूटती है नींद तो भैरवी की जगह
शंख और डमरू की आवाज़ें गूँजती हैं
और थुलथुल निताई पंडित का स्वर

नमश्शिबायो, नमश्शिबायो, नमो बिश्बोपतये!
—नमो शिवायो नमो शिवायो नमो बिश्वोपोति
और फिर वही तृषा वही तड़प

आह! वही तो आज भी माई
सोचते-सोचते जाने कितनी सीढ़ियाँ चढ़ गया
बाएँ देखता हूँ तो झील दिखाई दे रही
क्या कोई स्टीमर भी खिलेगा वहाँ उस पानी में
क्या यह झील बहेगी हुगली की तरफ़
क्या मैं माँ की नींद के बटुए से क़िस्मत चुरा भागूँगा फिर किसी रात

कलकत्ता पीछे छूट गया है माई बहुत पीछे
पीछे छूट गई है वह मासूम भूख
जो दान और आशीष को भी हक़ समझती थी
मसान के क़रीब शाल के पत्ते पर परोसा गया भात
और उससे छिटकता नूर भुलाए नहीं भूलता

हर दाना ख़ुदा का हर क़तरा रिज़्क ए हलाल

आठ-दस की सिन और बेपनाह आवारगी
जिस आसमान के नीचे हुई
उसे तुम्हारी ही वीणा के अबूझ रागों ने ही रचा होगा
तुम्हारे ही सुर रास्ता दिखाते होंगे
वरना साधू ख़ान के सितार से बहका यह सुर
जूतों और बूटों के नीचे पिसकर रह गया होता

शाल और सलाई और पीपल और हरदो
और जाने किस किन नामों की झाड़ियों के बीच से
आती हवा ठंडी हो चली है
इसी रूहानी ठंडक के लिए
ऐसी ही पहाड़ियों पर ख़ुद को और ख़ुदा को खोजते

भटकते होंगे पंडित दीनानाथ देव शर्मा
और नीचे मैदानों में उनके बेटे सिराजू
माली ग़ैर-बराबरी की खाइयों को पाटने के लिए
अमीरों की लूट को सही मान बैठे होंगे

संगीत को शोर में बदलने में वक़्त ही क्या लगता है माई
और वक़्त भी क्या लगता है बदलने में लिबास
पकड़े जाने के डर से सिराजू के शम्स फ़क़ीर होने में

...सुर भी क्या ख़ूब चोले बदलते हैं माई

वीणा और रबाब और क्लैरिनेट
सब बजाकर देख लिया
वही राग हंसध्वनि वही मालकोश और वही विहाग
मुझसे तो न रागों में घुली फ़क़ीरी छूटी
न पानी की तरह बहती बग़ावत
पुरखे कहीं नहीं जाते सूरत में न सही तो सीरत और फ़ितरत में रह लेते हैं

रागों के पीछे भागते साधू ख़ान तो कब के बिलम गए थे
मगर अपने पैरों का वो सनीचर दे गए थे मुझे
कि सारी धरती नापने निकल पड़ा था

यह तुम्हारे मिज़ाज की मंथरता है माई
कि सेनिया घराने के ध्रुपद में
आलाप का धीरज रचने लग गया
मैहर मेरा पता-ठिकाना ही नहीं
मेरी रूह का मायका भी निकला

स्मृतियों के पाथेय में बड़ी ताक़त होती है
चुभलाते-चुभलाते किस ऊँचाई तक आ गया मैं

थकान लुढ़क चली है नीचे
दाएँ-बाएँ पलाश के फूल खिले हैं
अपने धूप जैसे बालों के पार
लाल जोड़े में लिपटी मदनमंजरी खड़ी हो जैसे
रात उतर आती अभी अगर पूरे चाँद की
छककर पीता अमृत और भीगती मसों की उम्र में लौट जाता
सो जाते ये फूल पलाश के सो जाती सारी क़ुदरत
और मैं उसके गहने चुराकर एक बार फिर निकल भागता

आह कितने कम राग हैं हमारे पास और कितने तारे
कितने जीव और कितने कण्ठ
कितनी आवाज़ें सुर में ढलने को खड़ी हैं
काश मैं ख़ला को धरती की किरणों-रची वीणा पर बजा सकता
काश मैं लौट पाता सुर्ख़रू और हौले से पुकारता—मदन मंजरी
और मदीना बेग़म खिल उठती जैसे शिवपुर की क्यारी में हरसिंगार

अरे उधर एक पत्थर लुढ़क गया नीचे बहुत नीचे
उफ़ एक गहरी खाई सदा हमारे साथ
समय कब समतल, देखते-देखते
अच्छा ख़ासा रास्ता बर्फ़ की दलदल में बदल जाता
धँस जाते किसी आलम के नूल गोपाल
और वह अपने छूटे हुए रेयाज़ के अँधेरे में रो पड़ता

हर आलम के पैरों में ताक़त और रूह में अक़ीदत दे मौला
कि वह भैरवी की तरह गूँजती सुबह की तरफ़ जा सके
ढूँढ़ सके कोई हाबु दत्त सीख सके सुरों का आगम
सितार हो कि बाँसुरी कि मैन्डोलिन
अपनी बरसों की साधना को
एक-सी सहजता से बजा सके
ढूँढ़ सके वीणा और वायलिन के मरासिम

टेम्स और डेन्यूब की अकड़ को हुगली-सा बहा सके
थामकर पखावज और मृदंगम
अपनी उँगलियों को संगत की विनम्रता सिखा सके

लो वह चिकना पत्थर भी आ ही गया
जिस पर बैठे बग़ैर यह चढ़ाई पूरी नहीं हुई आज तक
तो बैठ ही जाता हूँ थोड़ी देर
मैं कोई आल्हा नहीं कि घोड़े की तरह दौड़कर
चढ़ जाऊँ युद्ध की कहानियों के पहाड़
राहगीर हूँ पैदल चला हूँ
यमन और अमन को एक साथ गाता
जानता हूँ कि संगीत युद्ध का सबसे ज़रूरी विलोम है

अहा कैसी बयार यह
जूते उतार सब्ज़ा में फिरती हवाओं से पैर धो लो आलम
क्या पता फिर यह नेमत मिले ना मिले

लगता है आधी चढ़ाई चढ़ चुका
उम्र के बारे में सोचता हूँ तो सेहत पर फ़ख़्र होता है
मगर यह खाँसी जो उठ रही...उफ़!
फेफड़े में हुक्के की गुड़-गुड़ भर चली है
उठान में सुर साथ छोड़ने लगे हैं अब
मगर यह तुम्हारी रहमत है माई
कि उँगलियाँ अब भी साथ देती हैं
अब भी बसती है इनमें उस्तादों की रूह
अब भी बहते हैं कृतज्ञता के आँसू
और उस्तादी का गुरूर बह जाता है
ठीक वैसे ही जैसे
अहमद ख़ान साहिब के सरोद से फूटे झरने में
बहा था मेरे घमंड का पहला और आख़िरी पत्थर

चलो आलम अब तुम अलाउद्दीन हो चुके
मगर वह दरिया अभी दूर है जो सितारों के बीच बहता है
चाँदनी के तारों से बुने लिबास में सजी
शारदा माई की परछाईं दूर है अभी
दूर है वह सूरज जिसका एक टुकड़ा हंस है
माई के पैरों में मोर-सा लोटता इन्द्रधनुष दूर है अभी

चल चल अलाउद्दीन चलता चल
जैसे वीणा के तारों पर
बंद कमरे के भीतर कोई बटुक चलता है

आगे रामपुर है
जहाँ के नवाब दरबार के पिछवाड़े बैठ ध्रुपद गाते हैं
और सेनिया घराने के सबसे बड़े उस्ताद
वज़ीर ख़ान सुरों का जामिया जमाते हैं

मगर देख, ग़ौर से देख जामिया के दरवाज़े बंद हैं
और तुम्हारी सीखने की ललक
उनके दर पर दायम पड़ा वह पत्थर
जिसमें बदलने की ख़्वाहिश लिये ग़ालिब
अपनी सारी मता ए आबरू छोड़ चले गए दुनिया से
इश्क़ में पत्थर हो सकने का वरदान
जिस मौला ने दिया था तुझे उसे याद कर और चल
कि तू तो जनम से बेचैन पैर
और सुरों की तितलियों पर टिका ध्यान है रे

चल जैसे शिवपुर से कलकत्ते के लिए चला था
कि आख़िरी चढ़ाई भी
पहले दुस्साहस की गिज़ा पर ही मुमकिन होती है

हर वज़ीर ख़ान का दरवाज़ा खुलता है
खुलते हैं जामिया के फाटक
जब कल की तरफ़ जाता दरिया
धैर्य के पत्थर की विनम्रता से पुकारता है

अरे जाने कौन-सा पेड़ है यह
जिसकी डाल ने मानो मेहराब-सा रच दिया है
ऐसे ही दरवाज़े से गया था मैं
अपने उस्ताद के घर और दिल ओ दिमाग़ के भीतर

घर के कमरे तो गिने जा सकते थे
मगर दिलो दिमाग़ के भीतर तो जैसे तिलिस्म था कोई
कमरे ही कमरे आँगन ही आँगन
खिड़कियाँ झरोखे और बाग़
बावड़ियाँ जहाँ उतरने की सीढ़ियाँ दिखाई देतीं
और कुएँ जहाँ राग की रस्सी में बँधा
डोलता उतरता और बाहर आता बटुक
गूढ़ जल ही नहीं गुरु के दुलार से भी भीगता

सरोद और रबाब और सुर-सिंगार और वीणा
तारों से उठते आलाप तारों तक जाते
विलंबित की लय पृथ्वी की परिधि को छूती
जोड़ वायुमंडल रचता और झाला ऋतुओं के रंग
और मींड़ का मनाक् से ईषत् वाली छुअन तक जाना[10]
जैसे आत्मा का शरीर तक आना

तैंतीस बरस बीते तब गुरु ने कहा—
बेटे अल्लाउद्दीन तुझमें मेरा तिरोभाव
और तुझसे तेरा आविर्भाव
उठो और चलो, चलते हैं मंच की ओर

माई तेरा घर दिख रहा अब
जैसे बहती हुई लय को ताल दिखता है
सोने चाँदी और रत्नों से जड़े धर्मों के संसार में
कितना सादा-सा घर
तेरी यही सूती सादगी पहन चढ़ा था मैं
तानसेन संगीत समारोह के सजे-धजे मंच पर
जहाँ अपने सुरों की तरह दमकते लिबास में
एक से एक गवैये और बजवैये
मगर मैंने तो सुरों को ही अपना लिबास जाना
आज तक वही भैरव खमाज बिलावल मारवा तोड़ी तराना

वैसे मन्दिर से तुझे क्या लेना, मन्दिरनशीनी कब तुझे भाई
कि तू तो हर मन के मुँडेर की गौरैया
हर आँगन की ऋचा आयत चौपाई
सो यहीं तेरे बुत के रूबरू खुले में बिछती अपनी चटाई

द्वार के बाहर झुर-झुर बहती हवा में
सुनता-सुनाता हूँ तेरे सुर और सोचता हूँ
कि तमग़े तोहफ़े और ईनाम तो बहुत मिले
मगर ये सब तो खबरें हैं
क्या लेना इनका उस बेख़बरी से
जिसका कोई चेहरा कोई नाम कोई पता
कोई घर कोई मज़हब नहीं
बस एक नूर त्रिकूट से तूर तक तने हुए तार-सा बजता है
उसी के अँधेरे-उजाले की झलक-भर पाने को
खुलती-मुँदती हैं आँखें
भजन-भर चटाई से जा ए नमाज़ तक

कई बार लगता है कि मैं कोई मगन मन गिलहरी हूँ
जो दिन भर उछल-कूदकर थक गई है
और तारों से सजे मंडप के नीचे

किसी झाड़ी में दुबक उस महाराग को सुन रही है
जिसके ककहरे भी नहीं सीख पायी

कितनी कम माटी का मैं और कितनी छोटी मेरी बाँसुरी
गले से निकलकर वायु में आ चुके स्वर भर आयु

कितने कम राग कितने कम पलटे
कितने छोटे आलाप कितने मामूली जोड़
और कितने सपाट झाले
मगर सूखे हुए फूलों-सी त्वचा के भीतर
वीणा बजाने का मन अब भी बहता है तुम्हारे अनन्त-सा

शाम होने को है, हुकुम दो माई कि
शाम के सारे राग बजाते हुए
छोटी से बड़ी वीणा में लौट जाऊँ!

म्यूज़

दोनों पर्वतों का आरोही मैं
अजब असमंजस में विकल हूँ
शिवालिक से निहारता हूँ तो पाता हूँ
कि श्रेयसी, केवल श्रेयसी हो तुम
और अलिम्पस से निहारता हूँ
तो प्रेयसी, केवल प्रेयसी

कितना श्रेय कितना प्रेय

1

प्राची में तरल अन्धकार से फूटती है धवल एक धारा
मौन के अणुओं से ध्वनि और ध्वनि से वह धुन
जो नदी-सी बहती है

तथाकथित स्रष्टा के संग—
मात्र एक कविता-भर प्रेम के प्रसंग
शेष तो जन-जन के मानस की प्रभा के रंग

कथा के लोक से जननी-सी जनमती
पृच्छा-सिसृच्छा के जन्म के रहस्यों में रमती

श्रेयस् की धारयित्री रसा
श्रेयसी नहीं तो और कहूँ क्या तुझे

2

माउंट अलिम्पस से उतरती हैं
ज़्यूस-नीमोसिनी की बेटियाँ[11]
मूर्तियाँ सब की सब दिव्य मंजुलता की
अलग-अलग गुणों-अलंकरणों से युक्त
विद्युत् की शीतल और शान्त लताएँ

मानस में उनका प्रवेश
पृथ्वी में पावस वनस्पतियों में वसन्त
भाषा में हेलिकन के प्रपात की गूँज
तार में तनाव और उँगलियों में चपलता का प्रवेश है
वे प्रेयस् की ऊष्मा अनंग
पुरुष को स्त्री और स्त्री को पुरुष की गंध बन ग्रसती हैं

3

जल की सतह से उठती है
ऊषा के आँगन में राका की यष्टि
ऋचाओं की रश्मियाँ बिखेरती
शब्द में समेटे प्रकृति का वैविध्य
विकट विस्तार अनन्त का
शिवालिक के शिखर से पुकारता है कवि
—श्रेयसी! श्रेयसी!! श्रेयसी!!!

4

और फिर वही कवि चढ़ता है
हिम-वसन हिम-किरीट हेलिकन अलिम्पस
शुभ्र शीतलता में ढूँढ़ता है श्रेय
तो प्रकृति का निर्मम विस्तार पृथ्वी का मार्ग बताता है
और शिखर से कवि नहीं
अपने सारे पथ खो चुके यात्री की गूँगी पुकार उतरती है

मिहिका के बीच उतरता है कवि का दिग्भ्रमित मौन
वह काले पथ पर चलता है अथक और अकेला
कि गूँजती है कोई आवाज़ और वह भाषा से भर जाता है
कण्ठ में फूटते हैं गीत के अंकुर
उँगलियों में सृष्टि की सम्भावना थिरकने लगती है

कि एक दिन मिलते हैं हाथ और फिर हृदय
और सभ्यता के विशाल पुस्तकालय और गैलरी
और ओपेरा हाउस में धूम मच जाती है

निविड़ नेपथ्य में सर्जक के प्राण पुकारते हैं—
प्रेयसी! प्रेयस्! प्रेयसी!!

5

दोनों पर्वतों का आरोही मैं
अजब असमंजस में विकल हूँ
शिवालिक से निहारता हूँ तो पाता हूँ
कि श्रेयसी, केवल श्रेयसी हो तुम
और अलिम्पस से निहारता हूँ
तो प्रेयसी, केवल प्रेयसी

किस तुला पर तौलूँ
कि अनन्त के नीले में कितना श्रेय और कितना प्रेय
कहाँ खींचूँ वह विभाजक रेखा
जो तुझे पूज्य और पेय में बाँट दे

क्षमा माँगने से पाँव हाथ या सिर नहीं हो जाएँगे
फिर उस मैल का क्या करूँ
जिससे मुक्त होने के लिए तुम्हारे जल में उतरता हूँ

इन्द्रधनुष के रंगों वाला विस्मय का यह सेतु अटूट है
कैसे बाँटूँ कि श्रेयस का मौन कहाँ से कहाँ तक
कहाँ से कहाँ तक प्रेयस् की पुकार
नहीं विलगा सकता वह लाल जो नीले का पैर है
और वह नीला जिसके होने में हरे ने भी अपना हृदय हारा है!

नवधा

वह एक सूखी हुई नदी का तट था
रेत के आगे खेत और एक कुआँ
मैं इस कुएँ का जल था
मेरे अपने मेंढक थे और अपना मटमैलापन
उस जल में शब्द नहीं गलते थे
अर्थ नहीं थे मेरे पास
यह मिट्टी की सदय सरंध्रता
कि मैं उस अन्त:सलिला से मिला
जिसमें ऋचाओं के रेशे तिरते थे

वह अन्त:सलिला मुझे बरसों बहाती रही
पृथ्वी के भीतर कि एक दिन
किसी शिला के बीच से घाव खाता
मैं पृथ्वी के ऊपर आ गया

वे पावस के दिन थे
जल को पीटता हुआ जल और मैं बह चला
नावों और पोतों और पुलों के नीचे से
नगरों के पुण्य और पाप पीता

उन दिनों मैं अक्षम शब्दों से भरी
एक डोंगी का धारक-उद्धारक था

मुझे नहीं पता था कि आगे समुद्र है
लहरों की पछाड़ से भरा
मेरी डोंगी चूर हो गई, मेरे पास उसकी यादें हैं
और कुछ शब्द जिनसे बने कटोरे में
अर्थ की जगह सीपियों और शंखों के चूर्ण

कि एक दिन समुद्र भी छूट गया

अब मैं नमक की डली में शेष
एक छोटी-सी बूँद-भर
नष्ट होने से पहले नमक ने मुझे दुनिया दिखायी
और दुनिया के बाज़ार और दुःख
और आँखें और आँसू, रूमाल और चुल्लू-भर जल

एक दिन मैं अपनी देह में लौटा और अपने नाम में
और एक सभ्य नागरिक की तरह तुम्हारे साथ था तुम्हारे सामने
और तुम अपनी इतिहास-पूर्वता से निकलकर
शिल्पित पथराए-पन में प्राणित
और तुम्हारी स्मिति की कल-गूँज
मेरी सारी यात्रा के आर-पार उस कुएँ तक
जो एक सूखी नदी के आँचल में
पीढ़ियों की प्यास बुझाने को खुदा था

और मुझे वह पुकार याद आ गई कल-स्वरे
जिसे मेरे पुरखों ने सुनी थी
और जो वन की सघनता बीच वल्कल-वसना
नायिका-सी प्रकटी थी

ग्रीक गलियों में भटकते होमर के छंदों की छिगुनी थामे
जलते ट्रॉय के पार ले जानेवाली कैलिऑपि

मेरे लिए तो ऐतिह्य की देवी क्लिओ भी तुम्हीं
तुम्हारी ही किरणों की रज्जु थामे
अनबने-अदेखे अजायबघरों की अन्तरंगता में खोया
सहस्राब्दियों पुराने चीड़ों-देवदारों पर
आकुल अबोध शाखामृग हुआ

दिग्पालों और यक्षों के बीच उड़ती विचित्रे
पुराकथाओं के भूगोलों के आर-पार
आना और जाना कहाँ जानता था मैं
एवरेस्ट और आल्प्स के बीच उड़ सकें मेरे शब्द
यह ऊष्मा और ऊर्जा तुम्हीं दे सकती थी
माउंट अलिम्पस पर फिसलती एराटो

गीत ही नहीं मेरे गद्य में भी लय-सी बसी यूटर्पी
मेरी भाषा में गाती-नाचती पॉलीह्यम्निया और टर्प्सिकरी
यह तुम्हारा ही प्रोत्साहन-उत्तेजन है विचित्रे
कि युरेन्या से नियमित जगत में रचता हूँ एक नया ग्लोब
जहाँ लोहे के नहीं पानी के कम्पास से तय होती हैं दिशा

मैं दुःख के कीचड़ से कमल तोड़कर भागना
तो पहले भी नहीं जानता था
और आज भी कमल-भर ही कीचड़ रहे इसी यत्न में
अश्रु, स्वेद और रक्त से गीली मिट्टी में सना रहता हूँ
और जैसा मैं वैसी ही मेरी कविता
थलिआ और मेल्पॉमेनी के बनाए मुखौटे उसे भी पसंद नहीं

कहो न कैलिऑपी कि ऐसा क्यों है
कि तुम्हारी नवधा रश्मि-भंगिमाओं के बीच
सिर्फ़ तुम्हें देखता हूँ
दूर से पास आते कण्ठ स्वर की लहरिल स्वरलिपि

जिसकी कोमल मांसलता
मेरी रचना का अधिवास रचती है

यह कैसा अनादि अनन्त अभिसार है म्यूज़
जिसे सरस्वती के आँचल-भर आकाश ने ढाँप रखा है!

हीसिअड से

क्षमा करना महाकवि
तुम्हारी बात नहीं मान सकता
दर्शन तो दर्शन कविता में भी नहीं

मानस के रहस्य की छवि को विखंडित कर
नौ चेहरे और नौ मन्त्रालयों का विधान कुछ जँचा नहीं

कविता और गीत में क्या अन्तर
और कैसे भूल सकते कि जब तुम
ग्रीक देवेन्द्र और स्मृति की सन्तानें रच रहे थे
कवि, गायक और संगीतकार
एक ही शरीर में वास करते थे
और आज भी एक ही लय के वलय में बँधे हैं सब
चित्र कविता के मौन की रेखाएँ हैं
और किसी भी मूर्ति की कोई झलक
कविता बनकर ही मोहती है

मूर्ख नहीं थे वे जिन्होंने सरस्वती को चतुर्भुज देखा
चार हाथ नहीं, मानस की मातृ देह की शाखाएँ हैं
तुम्हारा अनुगामी होकर नहीं काट सकता इन्हें
वह स्वयं चाहे तो भले कर ले लुप्त

क्षमा करना हीसिअड
थीआलॉजी में काव्य तो बहुत है
मगर ग्रीक हवाओं के स्पर्श ने बीच-बीच में
तुम्हारे हृदय को हिम भी किया है
कि बहते जल से कैसे बना पाते
एक से नौ हिमदेही शम्पाएँ!

तुम हो कैलिऑपि, तुम

मैं एक बनते-बनते रह गया चौक था
जहाँ एक चाय की दुकान थी और एक परचून की
चाय की दुकान के ठीक बाहर
रोज़ सुबह आता था एक नाराज़ युवक
और दुनिया के सारे अख़बार पसार देता था
ख़बरें और ख़बरों के भीतर के झूठ और अन्याय से
हिलता था चौक और
चाय से लेकर दाल और गुड़ तक धूल से धूसर

मैं ख़बरों को देर तक चबाता और सोचता
कि चौक और दुनिया दोनों के बसने-उजड़ने
और फिर से उजड़ने के लिए बसने के सारे नियम
और कारण ख़बरें और उनकी तासीर में पिन्हां हैं

मैं ख़बरों को देर तक चबाता
मगर कुछ भी नहीं पाता
एक गनगनाहट के सिवा जो दाँतों के बीच
धूल में छिपी कंकड़ी के आ जाने से पैदा होती

कविताएँ मैं तब भी लिखता था मगर अधूरी
किरकिराहटों और गनगनाहटों की आमद
मुझे किसी अगली ख़बर की ओर मोड़ देती

और अधूरी कविताओं के बीच खड़ी मेरी क़लम
किसी बिजूके-सी दिखती

कि तभी एक बहुत सुन्दर मूर्ति उस चौक से गुज़री
मूर्ति की तरह नहीं मनुष्य की तरह सुन्दर थी वह
अपने नक़्श में नुक़्स लिये

यात्रा की थकान और चोटों के निशान
और एक अधूरापन जो स्वप्न में होता है
एक अधूरापन जो पूरा होने के लिए
कल्पना और लिखे-अनलिखे अतीत को पुकारता है

मुझे लगा उसके गाल का तिल
किसी कल के घर छूट गया है
और उसकी नाक की दिपती हुई नोक
किसी आनेवाले कल की मुँडेर पर है

वह गुज़री तो ख़बर की तरह ही
मगर उसका आना और जाना
चौक पर आज तक जारी है
सुबह और शाम की तरह

मैं नहीं जानता वह मोजज़ा था
या क़लम के जीवन का एक ज़रूरी सानेहा
मगर बदन में बहते लहू की तरह ज़िंदा सच था वह

मैं अब भी एक बनता हुआ चौक हूँ
और नष्ट भी होऊँगा अधूरा ही
मगर अब इस चौक पर
दुनिया की पहली किताब भी है
और पहली बाँसुरी भी

पत्थरों पर उकेरा गया पहला भित्तिचित्र भी
और वह थेस्पी भी
जो कोरस की पंक्ति से आगे आकर बोलता है
अपनी दुनिया के नाटक में पहला संवाद

अब मेरे लिए कोई भी आदमी एक ख़बर-भर नहीं
कोई भी आज अख़बार का पन्ना-भर नहीं
कोई भी हाथ हथियार या हथौड़ा-भर नहीं

कोई भी लम्हा लावारिस नहीं
अब सब का हूँ मैं और सब मेरे
इस बनते हुए चौक पर
मेरे सबसे अँधेरे कमरे में उतरता है
सृष्टि का सबसे चमकीला सूर्य
और मैं तीनों लोक और तीनों काल देख लेता हूँ

अब तो यह भी छिपा नहीं रहा
कि वह कोई मूर्ति नहीं, तुम हो कैलिऑपि, तुम!

बिलकुल नई आवाज़

जब लोग अपनी-अपनी पसंद के मुहल्लों में
अपने-अपने झंडे की रोशनी में एक जैसी कविताएँ झमका रहे थे
मैं तुझे पुकारने लायक आवाज़

मेरे पास कोई सभ्यता नहीं थी
कोई तंत्र कोई व्यवस्था कोई विचार कोई दिशा नहीं
बस एक गँवार अटकल के भरोसे
नाम और नगर से परे निराकार अन्धकार के भीतर
कही और सुनी जा सकनेवाली भाषा ढूँढ़ रहा था
कि अचानक तुम मिल गई

खुले में रोशनी के बीच अडिग
भीड़ आ रही थी भीड़ जा रही थी
और तू भाषा से भरे मौन के कलश लिये
उकेरी गई मुस्कान के पीछे
सृष्टि के पहले चन्द्रमा की तरह मुस्कुरा रही थी

दर्शन की मियाद ही कितनी
लौटना ही था मुझे भी सो लौट आया
मगर गया कुछ भी नहीं आँखों के आगे से
और चलते-चलते मैंने तुझे पुकारा और चौंक गया
बिलकुल नई आवाज़ थी यह
चाँदनी और धूप के धागों की यह बुनावट तुमसे है कैलिओपि!

क्लीओ

(सरस्वती उवाच)

क्लीओ प्रिय है मुझे
एक समझदार सन्तान की तरह
क्योंकि खेल में उसके
जीवन और सभ्यता के प्रसंग और उपकरण होते हैं
वह उन्हें बड़े उत्साह के साथ चुनती और सहेजती है
और जो पसंद हों उन पर गरिमा की पॉलिश करती है

दमक उठती है वह अगर कोई उसे प्रसिद्धि की देवी कहे

वह मुझे अपने रचे जादूघर में अक्सर बुलाती है
और बड़े उत्साह से दिखाती है
युद्धों के जीते-हारे नायकों की शब्द-काय मूर्तियाँ
मन चाहे जितना खिन्न जितना विषण्ण हो
उसका क्रीड़ा-भाव बहला ही जाता है

लेकिन सिर्फ़ यही एक कारण नहीं कि वह मुझे प्रिय है
दरअसल वह इतनी ईमानदार है
कि नायकों की देह और तलवार पर
उनके पापों के दाग़ यथावत छोड़ देती है
युद्ध के मैदानों में पड़ी रहने देती है
क्रंदन और कराह और चीख़ और ख़त्म होती हिचकियाँ

और वे वजहें जो किसी को अकिलीस बनाती हैं
और किसी को हेक्टर

कितना सन्तोषप्रद है कि जब वह
गौरवशाली सम्मानों की घोषणा कर रही होती है
मैं उसके ठीक पीछे खड़ी होती हूँ
—निराभरण प्रतीक-हीन
वस्त्र भी मेरे फीके और उदास उस विवेक की तरह
जिसकी विनम्र रोशनी में सच के अक्षर साफ़ दिखते हैं!

किसान

सब कुछ है मेरे पास
जो एक किसान के पास होता है
सिवाय उन ऋतुओं के
जिन पर हम जैसों का कोई वश नहीं

वे आँधियाँ जो सुनहरे मरुथलों से उठतीं
वे बादल जो उठते विह्वल समुद्र से
गर्भवती हवाएँ जो धरा के कठोरतम वक्ष से टकरातीं
और वर्षा और नदी बन पुरों तक आतीं
उनकी प्रतीक्षा में जाने कितने किसान
अपने ही खेतों में खेत रहे

और मैं ही कौन-सा अपवाद

अपने दरके खेतों में खड़ा तुझे पुकारता हूँ म्यूज़—
खोल दो दिशाओं के द्वार
अनृत की आँधियों और बिजलियों के घातक पतन के बीच ही सही
मगर जगमग जल की बौछारों को आने दो
कि यही और बस इतना ही चाहिए मुझे

नहीं होना मुझे दिव्य नहीं होना ऋतंभर
कि वह जो ऋतंभर और जो भी हो जाए
भाषा की भूमि का किसान नहीं हो सकता!

तृप्ति भी व्याप्ति भी

मैं तुम्हें दूर तक फैले आकाश-भर नहीं
आँखों की पुतली के व्यास-भर देखता हूँ—
बस एक मिनिएचर जिसमें कथा और पता के अंग और रंग

मैं तुम्हें गहरी झील बहती नदी उफनती लहर नहीं
अँजुरी में भरे हुए जल-भर देखता हूँ
कि तृप्ति जो खोलूँ मुँह
और व्याप्ति जो ढीलूँ हाथ!

तुमसे मिलने के लिए

जितने भी तथाकथित पुण्य किए
उनसे लिफ़ाफ़े बना लिये

अब अपने पीले पड़े पापों को
धूप को दिखाने कहाँ जाऊँ
जाऊँ कहाँ लिये अपना वह एकान्त
जहाँ काले अंगूर के आसव-सी बहती है रात
और कहाँ जाऊँ लिये वह बात जो मेरी ही घात में

कहाँ जाऊँ, कहाँ—जब समझ में नहीं आता
अपने अन्धकार से तुम्हारे प्रकाश में आता हूँ
अपने मौन से गढ़ता हूँ एक जीभ
जगत की भाषा बोलता हूँ
जिसकी रसा के तल में बहता है तुम्हारा जल

क़लम की निब से काग़ज़ पर उतरते आकारों
और अक्षरों के बीच तुम्हारी किरणों के धागे टूटकर विराम-चिह्न बनते हैं
और इनके छिलकों में छिपी तुम्हारी ऊष्मा इन्हें बीज बनाती है

कई बार सिर्फ़ तुमसे मिलने के लिए अपनी कविताएँ पढ़ता हूँ!

प्रतीक्षा इस तरह

साँसें रुकी नहीं, न हृदय की धड़कन ही
कम से कम एक बार चूल्हा ज़रूर जला
झील और इलेक्ट्रिक केटल में
खौलता रहा पानी, प्यास और चाय बार-बार पकी

उँगलियाँ नहीं भूलीं—क़लम कहाँ है
काग़ज़ ख़ूब रँगे गए
लैपटॉप में फ़ाइल्स की संख्या बढ़ती गई
की-बोर्ड घिसता गया

प्रतीक्षा तो की और उमस भी कम नहीं रही
मगर बातों में सीलन नहीं न जूतों में फफूँद ही
हड्डियों के भीतर बर्फ़ भी नहीं
दौड़ते हुए पार किए पूस के पहाड़

तपस्वी की तरह बैठकर नहीं
और न ही किसी ममी की तरह ऐंठकर
मैंने धूप की तरह बिखरकर तुम्हारी प्रतीक्षा की
और ठिठुरती शाम की साँसत में जले
पीले लैम्पपोस्ट की तरह सिमटकर

मैंने आम रास्ते पर खड़े वृक्ष और खेतों का पता पूछती
नदी की तरह तुम्हारी प्रतीक्षा की
और उस मौन की तरह जिसमें वाणी के रहस्य रहते हैं!

हठात्

अपार अभावों से भरे इस जगत में कितने असम्भव—
मेरे उन जन्मों से पूछो
जब पैर नंगे हाथ ख़ाली और पंख ऐहिक
यूँ ही नहीं चढ़े थे मेरे विह्वल दिवास्वप्न कैलास
और शिवालिक और माउंट अलिम्पस

मेरे स्वप्न आज भी चढ़ते हैं वे शिखर
और भोर के स्वप्न में उतरती हो तुम साक्षात्
और खुलते ही आँखें गिरने लगती हो हठात्
भाषा के वन में और मैं
तुहिन-संकेतों के उजास में चुनता हूँ वे शब्द
जो तुम्हें, मुझे और जगत को एकसार कर देते हैं।

म्यूज़

1

मैं शायर हूँ मगर करता हूँ बुतसाज़ी भी थोड़ी-सी
ज़बानी रंग से तस्वीर भी रचता-बनाता हूँ
घनेरे अब्र घिरते हैं तो सुर उठते हैं सीने से
बड़ी शाइस्तगी से नफ़्स ओ दिल को साज़ करता हूँ

नये की खोज हूँ मैं आरज़ू हूँ नौ निगाही की
मैं हर इक ग़ैब को ज़ाहिर बना सकने की कोशिश हूँ
गरज के मुझमें दीवानों का पूरा गाँव बसता है
गरज के मैं जो कहने जा रहा वो सबका क़िस्सा है

मैं कुछ-कुछ खेत हूँ सिमटा हुआ आफ़ाक़ बाँहों में
मुसलसल बारिशों में फूस-मिट्टी का घरौंदा हूँ
मैं इक कच्चा कुआँ हूँ, खारे पानी का बदन मेरा
मैं इक पक्का घड़ा हूँ मीठे पानी का ज़हन मेरा
मैं इक तंदूर अग-जग की अगन से बारहा सिंकता
मैं वो सिल हूँ कि जिस पे सिर्फ़ अपना होना पिसता है
मैं कुटता धान हूँ गंदुम का आटा गर्म रोटी हूँ
चने की दाल हूँ बेसन हूँ ताज़ा ईख का रस हूँ
मैं इक लीपे हुए चौके में इक माँजी हुई थाली
मैं सबकी भूख की आवाज़ हूँ सबका निवाला हूँ

मैं दरवाज़े पे हूँ सूरजमुखी के हुस्न का हिस्सा
मैं ओसारे की छत पे मालती की मद-भरी ख़ुशबू
मैं कोई गीत होरी का मैं चैती में तड़पता हूँ
मैं झूमर की पिघलती गत लगन की साँस पाकीज़ा
मैं एक शहवत हूँ इंसानी मैं इक कोहबर की उरियानी
मैं इक बेसाख़्ता बोसा मैं गोताख़ोर लामिस हूँ

मैं हर मज़हब के भीतर हूँ मैं हर मज़हब के बाहर हूँ
वतन कोई नहीं मेरा मैं हर सरहद पे मुजरिम हूँ
बदन को देखकर मत तय करो किस जिंस का हूँ मैं
कभी मैं मर्द की ताक़त कभी औरत का धीरज हूँ
न अंदाज़ा लगाओ देखकर बालों की रंगत को
मैं हैरां तिफ़्ल जोशीला जवाँ बूढ़े की दानाई

मैं इक अज़ली रवायत हूँ मैं इक जारी शिकायत हूँ
मैं इक क़िस्सा क़दीमी हूँ मैं नौ अन्दाज़ अफ़साना
बवाल ए नौ सवाल ए नौ जवाल ए नौ कमाल ए नौ
पुराने आसमाँ के घर हिलाल ए नौ मिसाल ए नौ
पुराने पानियों की जाँ नई प्यासों का चारा हूँ
मैं इक दायम सफ़र की राह में फ़ानी इशारा हूँ
कड़े कोसों में कोरस हूँ शब ए मुश्किल में क़िस्सा हूँ
मैं सबके साथ चलता हूँ मैं सबके पास रुकता हूँ

---

1. बुतसाज़ी—मूर्ति शिल्प का काम, ज़बानी—मौखिक, अब्र—बादल, शाइस्तगी—विनम्रता, नफ़्स ओ दिल—साँस और हृदय, साज़—संगीत के उपकरण, नौ निगाही—नई दृष्टि, ग़ैब—अदृश्य/ रहस्यमय, ज़ाहिर—प्रकट

आफ़ाक़—क्षितिज गंदुम—गेंहू, शहवत—वासना, उरियानी—नग्नता

बेसाख़्ता बोसा—अचानक लिया गया चुम्बन, लामिस—स्पर्श करनेवाला/सम्भोग करनेवाले के अर्थ में भी प्रयुक्त, तिफ़्ल—बच्चा, दानाई—बुद्धि एवं विवेक, अज़ली रवायत—सृष्टि के आरम्भ से आती परम्परा, क़दीमी—प्राचीन, नौ अन्दाज़—नई शैली का, नौ—नया, जवाल ए नौ—नये तरह का पतन

हिलाल ए नौ—दूज का नया चाँद, मिसाल ए नौ—नई उपमा, दायम सफ़र—स्थायी यात्रा (जीवन और जगत का प्रवाह), फ़ानी—नश्वर, हमअस्त्र—समकालीन लोग, रूदाद—आपबीती

मैं हमरूहों का वारिस हूँ मैं हमफ़िक्रों का पुरखा हूँ
मैं बीते दौर की झाँईं हूँ हमअस्त्रों का हिस्सा हूँ
मैं सब के ज़ख़्म से ज़ख़्मी मेरी फ़रियाद सब की है
भले आवाज़ मेरी है मगर रूदाद सब की है

2

फ़सीलों पार जो रौशन फ़साहत वो भले मेरी
मगर मैं एक तुतलाते हुए बच्चे का परचम हूँ
अजब बच्चा जिसे अल्फ़ाज़ अपने दोस्त लगते थे
जिसे बिखरी हुई सतरों में तुक की खोज रहती थी
न जाने कब वो छिटका ज़ुमरा ए अत्फ़ाल के बाहर
ना जाने कब हुआ दाख़िल सुख़न के राहगीरों में
मैं हर बच्चे की तुतलाहट मैं हर शायर की झुँझलाहट
मैं हर उलझाव में हाज़िर मैं हर ठहराव का नाज़िर

मैं अपने रंग का ख़ालिक़ मैं अपने ढंग का ख़ालिक़
मगर मैं सबका हिस्सा सबकी ख़ामोशी का नातिक़ हूँ

3

चला जब शायरी की राह पे कुछ दूर तो ठहरा
क़लम के ज़ोर मानी ए सुख़न पे शक लगा होने
लिया अवतार पंछी का मगर उड़ना नहीं मुमकिन
लगा ये कैसा पानी है कि पानी-सा नहीं बहता
मैं सौ आज़ार में अटका मैं हर बाज़ार में भटका
मगर दरिया किसी परबत के चोले में हुआ पिन्हां

---

2. फ़सील—नगर का परकोटा, फ़साहत—वाग्मिता/ भाषा और वाणी में अभिव्यक्ति का प्रवाह ज़ुमरा ए अत्फ़ाल—बच्चों का झुंड, सुख़न—अभिव्यक्ति, नाज़िर—द्रष्टा, ख़ालिक़—स्रष्टा, नातिक़—प्रवक्ता

3. आज़ार—रोग में, पिन्हां—छुपा हुआ

4

तभी वो वक़्त आया जिसके लम्हे में इशारा था
तभी वो क़तरा जिसमें एक दरिया बेकिनारा था
तभी वो एक आहट जिसमें सौ सदियों की भगदड़ थी
तभी वो एक सिहरन जिसमें सौ तूफ़ाँ की लरज़िश थी
तभी वो सह्र जिसमें शाम के पेड़ों की रौनक़ थी
तभी वो धूप जिसमें वस्ल की रातों के रस्ते थे
तभी वो जीस्त जिसमें मौत के रहने का कमरा था
तभी वो मौत जिसमें मर के भी जीने का नुस्ख़ा था

वो लम्हा मोजज़ा का—माउंट ऑलिम्पस से टपका था
वो लम्हा माउंट हेलिकन की अँगड़ाई से फिसला था
वो लम्हा बर्फ़ का जिस पे शरारों की सजावट थी
वो लम्हा एक शोला जिसमें हर पानी का माज़ी था
वो लम्हा आज था जो चाहकर भी कल नहीं होता
वो लम्हा एक मुस्तकबिल कि जो बस होता जाता है
वो लम्हा आज भी ज़िंदा पड़ा होमर की बातों में
पुराने अब्र का आवारा ख़त बारिश की रातों में
वो लम्हा एक तारीख़ी गली के मोड़ पर खिड़की
कि जिससे झाँकिए तो दो जहाँ के राज़ खुलते हैं

5

वो लम्हा जिसके दम से वो उगाने से नहीं उगता
चुगाओ लाख महँगे दाना ओ मोती, नहीं चुगता
नहीं मिलता वो ढूँढ़े से, न ले कश्कोल माँगे से
न तो दिन रात जागे से, न पीछे-पीछे भागे से
न रोने से कलपने से न जपने से तड़पने से
वो इक ताबीर तो है पर न सपने का न सपने से

---

4. सह्र—सुबह, वस्ल—मिलन, जीस्त—जीवन, माज़ी—अतीत, मुस्तकबिल—भविष्य, अब्र का आवारा ख़त—कालिदास के मेघदूत के अर्थ में, तारीख़ी—ऐतिहासिक

वो दुनिया का है दुनिया-सा इसी दुनिया में मिलता है
मगर वो और दुनिया जिसमें उसका होना होता है
ज़मीं वो और ही आब ओ हवा कुछ और ही उसकी
समन्दर और उसके दश्त ओ सहरा और ही उसके
वो इक मंज़र कि जिसका कोई उंसुर दीदवर में भी
कि ज़ाहिर से ज़ियादा देखनेवाले में रहता है

6

वो राही राह की मानिंद हस्ती से गुज़रता है
वो मिक़्नातीस है मुश्ताक़ लोहे में उतरता है
वो पूरे चाँद-सा उगता है उजली धूप के घर से
वो काली धुंध से किरनों की आँधी-सा निकलता है
वो बेआवाज़ वीराने में हरियाली की आहट-सा
सुख़न के सूने घर में इक नये मिसरे की आमद-सा
वो सहराओं में भटके कारवाँ में आब-सा बहता
क़लम के ज़ख़्मी पाँवों में नरम सब्ज़ा पिन्हाता है
घने जंगल का जादू वो गुल ए बेनाम का रू वो
वो अपने यार के सीने पे महुए सा टपकता है

7

वो हर तारीफ़ में कोई न कोई राज़ रखता है
वो हर तंक़ीद में कोई न कोई रम्ज़ रखता है
वो इक शफ़्फ़ाफ़ आईना है जिसके रूबरू होना
दिखा देता है नज़र ओ दिल में कितनी मैल बैठी है

---

5. कश्कोल—भिक्षापात्र, ताबीर—स्वप्नफल, दश्त ओ सहरा—जंगल और रेगिस्तान, उंसुर—घटक तत्त्व, ज़ाहिर—प्रकट
6. मिक़्नातीस—चुम्बक, मुश्ताक़—उत्सुक

वो इक चश्मा है जिसके आब से नज़्में नहाती हैं
वो कच्ची धूप जिसकी उँगलियाँ ज़ुल्फ़ें सुखाती हैं
कहीं भी वो खिले निकहत के कन आवाज़ देते हैं
हज़ारों मील से भी नैन काजल आँज देते हैं

वो जलती आँख में सैराब का सपना सजाता है
वो सूखी बात में जज़्बात का दरिया बसाता है
वो रानाई से अपनी देता बीनाई का वो तोहफ़ा
कि तुम हर शय में कोई और भी शय देख लेते हो

वजूद उसका तसव्वुफ़ के शहर को सब्ज़ रखता है
वो ख़ुद ख़ामोश रहकर भी तुझे पुरलफ़्ज़ रखता है
वो गाँठों में सुलगती आग से तुझको बचाता है
वो तीखे मानियों की नोक पर मरहम लगाता है

ग़ज़ल की रूह भी है और हुस्न ए पैराहन भी है
हरम का ग़ैब तहख़ाना, मकाँ इक पुरसहन भी है
वो हर ख़ालिक़ का अफ़साना मगर अपनी कहन भी है
वो अपने आप में जश्न ए अदब, बज़्म ए सुख़न भी है

8

किनाया एक मीठे दर्द का मीठी दवा का वो
किनाया झील की सहरा की परबत की हवा का वो
किनाया रूमी ओ ख़ैयाम की नज़्मों के मानी का
किनाया रूह की मुस्कान की पहली कहानी का

---

7. तंक़ीद—आलोचना, रम्ज़—संकेत, शफ़्फ़ाफ़—साफ़ और चमकीला, निकहत—सुगंध, सैराब—सजल भूमि, रानाई—सौन्दर्य, बीनाई—दृष्टि, वजूद—अस्तित्व, तसव्वुफ़—दर्शन, हुस्न ए पैराहन—वस्त्र का सौन्दर्य/ अभिव्यक्ति के स्वरूप के सौन्दर्य के सम्बन्ध में, हरम का ग़ैब तहख़ाना—गर्भगृह का अदृश्य बेसमेंट/ अचेतन के अर्थ में, पुरसहन—ओसारेदार, ख़ालिक़—स्रष्टा, जश्न ए अदब—साहित्य का उत्सव, बज़्म ए सुख़न—रचनात्मक अभिव्यक्ति की गोष्ठी

ज़रा-सा चाँद वो ढहते क़िले के बुर्ज़ पे अटका
ज़रा-सी चाँदनी तारीख़ की गलियों में खोयी सी
कि जैसे कोई लड़की उम्र की पहली कहानी में
यहीं अपना नया क्रीमिश दुपट्टा छोड़ भागी हो

वो इक तितली के पीछे भागती लड़की की हैरत है
वो बेरुख़ ग़ैर के अमरूद की चोरी की ज़ुरअत है
वो हर मिसरी वो हर मिर्ची वो हर तुर्शी पे माइल है
वो हर शय पर सवालों की नज़र-सी पड़ती दिखती है
वो ख़ामोशी कि जिसके होंठ से अल्फ़ाज़ झरते हैं
वो इक दीवान बातूनी कि जिसमें सब सकूत ए रब
वो कोई नूर जिसमें हर किनाया साफ़ दिखता है
वो कोई तीरगी जिसमें सितारे गुफ़्तगू करते

वो हर तहज़ीब का शहरी वो हर बस्ती का बाशिंदा
वो हर तंजीम ए ताबिंदा के भीतर भी है बाहर भी
वो खेतों में शगुन करता पसीने की बुवाई से
वो गर्द ए ग़म में डूबे घर को धोता-पोंछता फिरता
वो टूटा-सा निकलता है दुकानों-कारख़ानों से
निपटता है वो अपने वक़्त के काले ठिकानों से
वो कोठी के झरोखों से है कोठों की किवाड़ों तक
वो फ़ारस से इलाहाबाद तक पत्थर से लड़ता है

9

मुसलसल जश्न है जो शायरी में ज़िंदगी उसकी
नुकीले पत्थरों के बीच पानी की कहानी भी
ख़िज़ाँ के रंग फ़स्ल ए गुल के सीने से निहाँ होते

---

8. किनाया—रूपक, माइल—कृपालु, सकूत ए रब—वैसी प्रशान्ति जो ईश्वरीय, तीरगी—अन्धकार, तहज़ीब—सभ्यता, तंजीम ए ताबिंदा—चमकदार संस्कृति

यहाँ महबूब का मतलब अधूरापन भी होता है
उठाकर देखता हूँ सर तो लगता है ख़ला कोई
दहकते आसमाँ की सर्दरू नीली सी ख़ामोशी
सितारों की उदासी और तारीकी अमावस की
फ़लक की आँख से ख़ामोश शबनम-सी टपकती है

फ़साना कोई भी हो ज़ख़्म से बचना नहीं मुमकिन
कोई इंसां रसूख़ ए दर्द के बाहर नहीं होता
किसी भी देवता का बुत बिना छेनी नहीं बनता
तराशों के बिना नूर ए ख़ुदा ज़ाहिर नहीं होता

मुझे मालूम है ऐ म्यूज़ बहता कहकशाँ है तू
मुकम्मल चाँद है ज़िंदा शफ़क़ है बाग़ ए जन्नत है
मगर ग़म की लकीरें भी मेरी नज़रों में चुभती हैं
कई मातमज़दा पंछी तेरी शाख़ों पे बेहिस हैं
उड़ानें ही नहीं तेरी थकानें भी मेरी दौलत
मैं तेरे अश्क़ के मोती का जादूघर सरापा हूँ!

---

9. मुसलसल—निरन्तर, ख़िज़ाँ—पतझर, फ़स्ल ए गुल—वसन्त, निहाँ—प्रकट, ख़ला—अनन्त शून्य, सर्दरू—ठंडे चेहरे वाला, रसूख़ ए दर्द—दर्द की पहुँच, कहकशाँ—आकाशगंगा, मुकम्मल—पूरा, शफ़क़—द्वाभा/ सूर्योदय और सूर्यास्त के समय क्षितिज पर फैली लालिमा, सरापा—सिर से पाँव तक

विनशन

मात्र एक विनशन से पीड़ित हो
पर्वतों में गए थे तुम
कि ऊँचाई से उतरती किसी धारा को
सरस्वती कह सको
मैं कहाँ जाऊँ महाकवि
कि मेरा तो समय ही
स्वर्णिम मरुभूमि-सा ठहर गया है!

हलधर

ततो विनशनं गच्छेन्नियतो नियताशन,
गच्छत्यन्तर्हिता यत्र मेरुपृष्ठे सरस्वती।

वनपर्व 82/111 महाभारत 21

लौट जाओ हलधर
मैं कोई तीर्थ नहीं
टूटते हुए प्राण को पूजकर क्या होगा
मुझे अपनी सैकत समाधि में अस्त होने दो
मैं किसी से कुछ नहीं माँगती
रेत की यह चादर भी मैंने स्वयं बुनी है

मत उतारो काँधे से अपना हल
मत धँसाओ फाल की नोक
मेरे मौन की भूमि का सम्मान करो
निर्जल देह में मन्त्र के शब्द कैसे बहाओगे

नहीं जा पाएँगे यज्ञावशेष कण्ठ के पार
मेरी आत्मा हवन कुंड में जली ऋचाओं की राख से भरी है

मृत्यु को तीर्थ मत घोषित करो बलराम
पुण्य का यह पाखंड जीवन की गरिमा कम करेगा
मृतक की पूजा परम्परा हो जाएगी
जीवन खो जाएगा मेरे प्रवाह की तरह

शेष रह जाएगा कोई प्रतीक या नाम
और हमारी संततियाँ सदेह परिक्रमा की मूर्खता में मरती-मारती रहेंगी

मेरी अनुपस्थिति को ही करना है प्रणाम
तो जाओ कुरुक्षेत्र की ओर
पांडव शिविर में प्रवेश कर ढूँढ़ो अपने अनुज को
थपथपाओ उसका वक्ष—मेरा नहीं होना गूँज उठेगा

वह गीता ही क्या शेषावतार
जो गानेवाले कण्ठ कटवा दे
जाओ और पूछो अपने अनुज से
कि शांतिदूत बनकर गया था जब धृतराष्ट्र की सभा में
द्वारका नरेश के वस्त्र और मुकुट पहन क्यों गया था
नेत्रों में उसकी राजलक्ष्मी की महिमा क्यों बसी थी

वाक्चातुर्य से साधना चाहा था मुझे
कैसे सध पाती, मानिनी मैं,
कैसे और कब तक रह पाती
स्वर्णखचित शस्त्र-बहुल सभा में

भाषा के बाहर थी कहाँ शांति
कि शीतलता उसकी
दुर्ललित दुर्योधन के हृदय तक पहुँचती

जाओ संकर्षण
तुम्हारा अनुज अकेला और कान्तिहीन होता जा रहा है
सारा कुरुक्षेत्र उसी के रक्त से भरा है
उसी की लीला के शव बिखरे हैं
इस युद्ध के बाद कथा के वन में
विष्णु एक नाम-भर रह जाएगा

जगत को पालने का वचन विराट
लाखों चिताओं में जल चुका है

पूजना ही है तो जाओ कुरुक्षेत्र को पूजो
जहाँ एक लीलापुरुष की दिव्यता
श्वान, ऋगाल और वायस का भोजन बन चुकी है

जाओ बलराम जाओ
फेंक दो हल और गदा जो आयुध हैं
विलाप के कांड में आयुध का क्या काम

कह दूँगी व्यास से कि युद्ध के बाद
जाए युधिष्ठिर के निकट और दे यह विवेक
कि अंशों के तर्पण के बहाने
कृष्ण की दग्ध हो चुकी लीला की राख
बहा दे मेरे हृदय में

सारा भारत विनशन नहीं है
लक्ष्मी के ताप से विह्वल कृष्ण को
शीतल और निर्मल करने भर अब भी सजल हूँ मैं!

रेत की बनी एक स्त्री

ततो विनशनं राजन् जगामाथ हलायुधः,
शूद्राभीरान् प्रति द्वेषाद्यत्र नष्टा सरस्वती।

महाभारत, शल्य पर्व 37/1 महाभारत 21

विकट वैशाख था धूप का समुद्र
गगन में सूर्य की धूल उड़ती थी
क्षितिज से क्षितिज तक रेत ही रेत

रेत के टीले पर बैठी थी
रेत की ही बनी एक स्त्री
हाथ में लिये रेत से अटी एक पोथी
सामने खड़े थे कागद के दो पुरुष
रेत की आँधी से क्षत-विक्षत

स्त्री की आँखों से पिघली हुई रेत बहती थी

स्त्री ने पोथी से पढ़ा एक श्लोक—
ततो विनशनं राजन् जगामाथ हलायुधः,
शूद्राभीरान् प्रति द्वेषाद्यत्र नष्टा सरस्वती।
और पूछा—हे द्वैपायन, यह क्या है
क्या कहना चाहते हो तुम

कैसी व्याख्या बकता है तुम्हारा पट्टशिष्य
कितनी विदग्धता से मढ़ा है इसने
जल और वाणी पर द्वेष का दोष
इसकी पश्यन्ती का सर्जक
और वैखरी का शिल्पी है तू
तू ही बता कैसे किया इसने यह पाप
मूल को भूल हृदय में मेरे कैसा यह शूल चुभाया है

क्या अर्थ ऐसी व्याख्या का
कि जल में जाति
और वाणी में राजा की नीति बिम्बित करे
चला जाएगा जनमेजय समाप्त हो जाएगा कुरुवंश
किन्तु यह व्याख्या कहाँ जाएगी व्यास
तुमने तो देखा है मुझे
शिव की ऊँचाई से पृथ्वी के हृदय की गहराई तक सजल
मिट्टी और मानस में अविरल सम भाव से

शूद्र कौन है कौन है आभीर
मैं नहीं जानती
कौन है ब्राह्मण और कौन क्षत्रिय
मुझे नहीं ज्ञात
मैं सारे जीवों को उनकी प्यास
और मलिनता से पहचानती हूँ
मैं सबके मौन सबकी विवक्षा को जानती हूँ
जीवन की पूरी वर्णमाला प्रिय है मुझे
एक भी अक्षर अछूत नहीं

सुनो वैशम्पायन
जन्म से थोड़ा-सा शूद्र तो तुम्हारा गुरु व्यास भी
कल्पना की कामधेनु दुहता रहा है कुशल आभीर-सा
फिर भी रहती—बहती हूँ उसके भीतर

अरे ओ राज्ञानामप्रिय ब्राह्मण,
पृथ्वी की गति पर
किसी भी राजा का कोई नियंत्रण नहीं
ऋतुएँ काव्य नहीं न भाषा ही
कि कोई पाणिनि या मम्मट उन्हें निर्देशित करे

कोई भी नदी राज्य और धर्म की दासी नहीं
नदी का होना न होना तो प्रकृति के वश में
व्याख्या के विटप लगाने से
नदी का अभाव तीर्थ नहीं हो जाता

तूने यज्ञ के राजनीतिक निहितार्थ का निवेश
काव्य में किया है
अपराध है यह, पाप है, महापाप
और कोई मार्जन नहीं इसका

मेरा विनशन यह मरुथल नहीं वह श्लोक है
जिसे तुमने पढ़ा था अर्जुन के प्रपौत्र के
प्रतिशोध-यज्ञ में राजनीतिक मन्त्र-सा

कहकर यह वाक्य जो सर्वथा अनाप्त
तुम अपनी जिह्वा कटा चुके बटुक
कल जब यही प्रश्न पूछेंगी मेरी संततियाँ
तो जर्जर पृष्ठों से तुम्हारे उत्तर देते न बनेगा!

शब्द भौंकते हैं

सभ्यता के राजमार्ग पर जब भी कोई शब्द भौंकता है
मेरी पुस्तक में
उसके गर्भस्थ होने से पहले का मौन चौंकता है

आत्म-प्रतिश्रुत थे तुम
कि ध्वनियों को शब्द की देह और भाषा का गेह दोगे
जीवित रहने और अर्थ पैदा करने की स्वतंत्रता भी

मगर तुम उनके गले में चमोटी बाँध
रथ के पीछे बिठा
बार-बार जीते गए नगर की वीथियों में
किसी डरावने बिजूके की तरह घुमा रहे हो

वह कुत्ता जो रोज़ सुबह
तुझे बरामदे में पड़ा अख़बार लाकर देता है
उसके भौंकने में जितनी आत्मीयता और मिठास है
तुम्हारे शब्दों में उसका शतांश भी नहीं
प्रेम कहते हो तो घृणा टपकती है
भाई कहते हो तो भय होता है
करुणा कहते हो तो कुठार चमक उठता है

मैं तुम्हारा मानपत्र नहीं लिख सकती
नहीं गा सकती महिमा उस राजत्व की
जिसने शब्दों को भौंकना सिखाया है

प्रतीकों और लक्षणों से सजा
यह राजकीय उद्यान तुम्हारा विलास है
मेरे लिए तो विनशन है, एक और विनशन!

कविता व्यर्थ है

गगन से सोने की धूल झरती है
फूलों से उड़ते हैं रजत के पराग
घास पर ओस नहीं
हीरे की कनियों की फ़सल है
पर्वत के उज्ज्वल शिखर जिनके गोदाम

दौड़ते हैं मनुष्य
देह से झरते हैं मोती
अचरज से उफनता है दूध का समुद्र
लक्ष्मी की लीला ने विष्णु को चकित कर दिया है

दौड़ते हैं मनुष्य
टूटते और बनते पथों पर
उत्साही, उन्मन, उन्मत्त
विह्वल और विवश
तीव्र और तीव्र और तीव्र
काँपती हैं दिशाएँ
बूटों और पैरों की मार से पपड़ियाँ टूटती हैं
पृथ्वी में बहता है पृथ्वी के घावों का रक्त
मरते हैं पेड़, हाँफती हैं हवाएँ
ताप से उबलता है दूध का समुद्र

प्यास के पालने में प्रार्थनाएँ लेटी हैं
लक्ष्मी के प्रताप ने विष्णु को मूर्छित कर दिया है

सरस्वती उदास है
कि शब्द अंकों के दास हैं

कैसी सजगता से कितनी विनम्रता और निष्ठा से
अंकों के मायावी महल में
चाकरी निभाती है भाषा
बोध और ज्ञान लाभ और लोभ के प्रवक्ता हैं

सरस्वती उदास है
कि लक्ष्मी के महल में दीप नहीं
पृथ्वी के प्राण जलते हैं

जोत की धोयी रातों में
गुणा-गुणा खेलते हैं अंक
सात की दृष्टि आठ पर नहीं
बहुत दूर बैठे उनचास पर
कि पवन के पागल घोड़े पर बैठें और लूट लें
सोने का सूर्य रत्नों के नक्षत्र रजत के पहाड़
हिम-शीतल हीरक-शिखर पर पताका हो

सरस्वती उदास है
कि अर्थ का अर्थ इतना अधिक अर्थ है
कि कविता व्यर्थ है!

बंदिनी

पत्थर से पत्थर टकरा चुके थे
स्फुलिंग और सूखे तृण अग्नि बना चुके थे
लाठियों का जन्म हो चुका था
चल चुके थे काठ के भाले और तीर
जब मैं प्रकट हुई हिंसा ही हिंसा थी
काम ही काम, निर्गुण निर्बंध और निर्मम

मैं स्त्रियों के घावों से प्रेम की तरह प्रकट हुई
और पुरुषों की स्मृति से पुकार की तरह
हिंसक रातों और आखेटक दिनों के बीच ऊषा की तरह
सौन्दर्य और उसकी शान्ति और आश्वस्ति

मैं तुम्हें घर ले गई, कुटुम्ब दिए
नियम और श्रद्धा के केंद्र और साधन
राजा और ईश्वर और शास्त्र दिए
लेकिन तुमसे शस्त्र और अस्त्र नहीं छीन सकी

मैंने प्रेम को पथ किया, करुणा को पाथेय
हिंसा की अग्नि पर वर्षा की तरह गिरी
किन्तु राजाओं ने अराजकता के वन बसाए
और ईश्वर ने अपनी कनिष्ठिका पर
तर्क और औचित्य के पर्वत उठा लिये
कि नीचे युद्ध के योग्य कोई कुरुक्षेत्र फैल सके

कथा के सूत्र मेरे हाथ से छूट गए
सारा मानस कशाघात से विह्वल अश्व

मेरे गीतों की तरल-तन्वंगी धाराएँ
अश्वों की फलांग से अपमानित
और खुरों की चोट से घायल हैं

मेरे ही रचे ईश्वर और राजा ने
मुझे विवश किया
कि मैं अराजकता और युद्ध को मान्यता दूँ
उनके साधन गढ़ूँ
और मनुष्य नहीं चारण को जन्म दूँ

मैं अपने ही अरण्य में पराजित और बंदिनी हूँ
अपनी ही सन्तानों के लिए बेड़ियाँ गढ़ती
फाँसी के फंदे के लिए रस्सियाँ बटती हुई!

शारदा पीठ

वह एक पुराना मन्दिर है

बक़ौल एक तस्वीर उसका पुरानापन बहुत सुन्दर है
ऐसा कि जब चाहो एक नयापन निचोड़ लो

मगर मैं वहाँ नहीं जा सकता
नहीं जा सकती काठ की वह मूरत तुम्हारी
जो न जाने कहाँ है
जैसे कि वह सौन्दर्य
जो कभी संस्कृत वाग्धारा में नहाता होगा
पर्वत देखते होंगे जिसका लालित्य
और आदित्य हिम की हँसी में उतर आभा पसारते होंगे

वह अब एक काल-जर्जर ढाँचा है
जो कभी भी चित्र-शेष हो सकता है

सोचता हूँ तो दुःख होता है
कि तुम्हारे नाम की वह पीठ
एक राजनीतिक घाव की पपड़ी है
जैसे धार की भोजशाला में बसा बर्तानवी ख़ालीपन

और भी होंगे ऐसे प्रसंग जो ध्यान में नहीं
मगर ये दोनों जातीय स्मृति की नंगी नस को अक्सर छूते हैं

इन्हें सोचते हुए कभी मैं भी थोड़ा-सा तड़प उठता था
मगर अब नहीं, अब तो उस नस ने
बिलकुल वही सफ़ेद संगमरमर पहन लिया है
जिसे ठोककर एक पुण्यात्मा ठेकेदार ने
मैहर से उसका सुन्दर पुरानापन छीन लिया है

हे मुँह मोड़े खड़ी सरस्वती
मैं तुम्हारी पीठ से उठता उदास राग सुन रहा हूँ
और देख रहा हूँ धर्मों के बनाए छोटे-बड़े विनशन

ऐसा क्यों है ज्ञानेश्वरी कि धर्म
अपनी आत्मा का जल खोकर ही फैलते हैं?

वैजयन्ती

(सरस्वती उवाच)

1

बीज को नहीं पता
पीपल का आकार क्या होगा
कितनी शाखाएँ कितने पत्ते
कितने पंछियों के घर
जड़ के निकट प्रिय की पुकार का दीप जलेगा
कि पनपेगी किसी गृह-दाह या वध की पटकथा

ख़ूबानी और सेब नहीं जानते
कि उनके बीज में विष है
नहीं जानता बच्छनाभ का बैंगनी संगीत
न कनेर का पीला उल्लास ही
कि काया में उनकी औषधि ही नहीं
जीव-हत्या के रसायन भी

किस कविता को पता अपना अन्त और अनन्त
किस कवि को ज्ञात
कि जो कहा वह किस युग में
किस तरह पढ़ा या सुना जाएगा
किस रत्नाकर को पता
कि उसी के अन्त:अरण्य में वाल्मीकि भी रहता है

और किस वाल्मीकि को बोध
कि रत्नाकर कभी मरता नहीं

ज्ञान को अवतरित और पूर्ण बताते हैं जो, वंचक हैं
व्यापारी हैं वे जो करते हैं प्रचार
और जो नेत्र मूँद मानते दिखते स्वार्थी या मूर्ख हैं
पाखंडी है वह ऋषि
जो अपने कमंडल के मन्त्रपूत जल के छिड़काव से
आश्रम में अपने लाभदायक देवमंडल बसाता है

कहीं कोई पूर्णता नहीं
कोई सत्य अन्तिम नहीं
कोई रूपरेखा नहीं जगत की नियति की
नीले के पास भी नहीं कोई नीला मानचित्र

साधना हूँ मैं चलने की चेतना हूँ
सजग नेत्रों और अथक चरणों की यात्रा
मेरा हृदय गन्तव्य के चुम्बक से
मचल उठनेवाला कम्पास नहीं

जिसने मुझे नदी के बहाव में देखा
सत्य कहती हूँ, मुझे मेरे मूल स्वभाव में देखा
गति, प्रगति, जतन और जिज्ञासा

तृप्ति ही नहीं जो तृषा तक जाती
प्राणों को पवन से वंचित करती मृत्यु भी हूँ
मेरे अन्तर्विरोध मेरे अपने हैं

मैंने ही राजा को रचा
क्षेत्रों में पृथ्वी को मैंने ही बाँटा

देश मेरा ही पुत्र
सारी सीमा रेखाएँ मेरी ही पुत्रियाँ

सारे शस्त्रास्त्र मेरे ही आविष्कार
किन्तु उनके संचालन पर मेरा कोई नियंत्रण नहीं
मैं कब हत्या और युद्ध के पक्ष में
किन्तु हाय री विवशता
नीति और कला के नाम पर
मेरा उजास भी नियुक्त हो जाता

चारण-कण्ठों कढ़े छंदों पर रक्त के छींटे अमिट हैं
कमल से उठती है रक्त की सड़ाँध
वीणा के शिथिल तार हिचकियों से भरे हैं
अलग-अलग रसों से भीगे शब्द
अपनी अहमन्यता के दाँतों से पुस्तक की आत्मा कुतरते हैं

कोयल की कूक और आम्र मंजरियों की छाया में
उतरती वसन्त पंचमी ही नहीं
6 और 9 अगस्त, 1945 भी मैं ही हूँ

2

ब्रह्म की असीमता के गायक
गा गए थे मेरी सीमाओं की ऋचा—
अम्बितमे नदीतमे देवितमे सरस्वति!

तटों के पट से बँधी एक नदी ही मैं
मातृत्व की अपेक्षाओं से कीलित एक स्त्री
ब्रह्माणी जो ब्रह्म नहीं
सब में किन्तु सब नहीं

ध्वनि नहीं मैं कि जगत-व्यापार
और हाहाकार के बीच कहीं भी कभी भी

शान्ति-सम्भवा हूँ
विकल-अर्थ भग्न-लय हो जाती
अगर शान्ति न हो

मन में शान्ति
वातावरण में शान्ति
मन पर प्रभाव डालती शक्तियों में शान्ति

निर्गुण निर्व्याज शान्ति की वायु में ही
विहँसता मेरा पंकज श्वेताभ
निपट निर्गुण शान्ति में ही
वीणा से उठती पहली ण-कार
जीवन-कोलाहल के कोमल अन्तरालों में
शब्द-शब्द होती सगुणता साकार
शान्ति मेरा आधार
शान्ति मेरा श्रृंगार
शान्ति मेरा ॐकार

3

लेकिन शान्ति थी कहाँ...

कला, कविता और विवेक पर ताले थे
पुष्ट मांसपेशियाँ और बल्लम चमकाती मिनर्वा
लगभग अथीना हो गई थी

उन्माद के बूटों तले विवश थीं
कांट, रिल्के और मार्क्स की आत्माएँ

साल्ज़ा के जल पर लवण नहीं
रक्त और बारूद के कण गिरते थे
मोत्सार्ट की सिम्फ़नी
काँच की तरह टूटती थी
वॉल्तेयर के आँगन में भूख और
सूख गए रक्त की काली पपड़ियाँ थीं
शेक्सपीयर अपने पिता के बनाए दस्ताने में छिपा
चर्चिल को नाटक के नये नायक की तरह पुकार रहा था

शान्ति थी कहाँ
सूर्योदय के देश में तनी थी हैचिमन की प्रत्यंचा
हिरोहितो[12] ने राष्ट्र को अग्निवाण बना दिया था
महायान का ज़ेन-कक्ष मार की लपटों से घिरा था
बौने दैत्यों के दंश से मूर्च्छित थे
कन्फ़्यूशियस और कुमारजीव
कि एक दिन प्रशान्त महासागर के हृदय पर गोले फटे
पर्ल-पत्तन दहल उठा और कमला-मन्दिर के कँगूरे काँप उठे

शान्ति थी कहाँ उस मैनहट्टन[13] के सिवा
जो स्थान नहीं गुप्त गुफाओं में छिपा प्रकल्प था कोई
भौतिकी और गणित के गुणियों के
गहन शोध के मौन में मग्न
सहस्त्रों अभियन्ता अपने-अपने कौशल के अग्रणी
मन्त्र को यंत्र और यंत्र को मन्त्र में बदलते
अपने उपकरणों-उत्पादों की महती भूमिका से
सर्वथा अनभिज्ञ

शान्ति थी कहाँ
आधुनिक लक्ष्मीपति विष्णु का श्वेत सदन
निशा की निविड़ता में क्रुद्ध शेषनाग-सा रह-रह फुफकारता था

शान्ति बस इतनी
जितनी जूलिअस रॉबर्ट ओपेनहेमेर की आँखों की चुप्पी
और राष्ट्र के दाँतों के बीच दबी उसकी जीभ

हृदय तो उसका भी धड़कता था धड़-धड़

4

कुछ भी चीर सकती है मेरी कुशाग्र जिज्ञासा
ब्रह्म हो कि माया काया हो कि छाया
कोशा-कोशा विलगा सकती

मैंने पदार्थ को अणु-अणु किया
अणु को परमाणु-परमाणु
कि एक दिन वह भी चिर गया
और अदृश्य मैनहट्टन के सबसे रहस्यमय कक्ष में
जूलिअस ने अपनी आत्मा से कहा—
"मृत्यु हो गया हूँ मैं...जगत का विनाशक"
और गीता के ११वें अध्याय का ३२वाँ श्लोक रो पड़ा—
हे कथाशेष केशव, क्या कहते हो अब
कुरुक्षेत्र नहीं है यह
न वाण और गदा और खड्ग का युग
अथीना का बल्लम अब
लिटल ब्वाय और फ़ैट मैन है

और एक दिन लिटल ब्वाय हँसा
और लघुतम कण में संचित थोड़ा-सा सूर्य
किसलय और कुसुम सी हथेली पर आ गया
ओस के गुच्छ अश्रु के छंद पर
कागद की पीठ और बिबा[14] के वक्ष पर

हैचिमन ने चाहा तो बहुत
मगर काल के प्रवाह में मूर्ति-सा बह गया
गल गए उसके शस्त्रास्त्र
ओटऽगव[15] की बूँदों का प्राण तत्त्व जल गया
मन्दिरों की गली में मारी गईं मूर्तियाँ
जूते और शीश और मुकुट और पगोडा
सब के सब एकात्म
शिन्तो और ज़ेन एक ही फफोले में दग्ध

ध्वस्त थे गुम्बद सारे के सारे
क्षत-विक्षत शवाकीर्ण हिरोशिमा के वक्ष पर
ईश्वर के नाम पर खंडित एक गिरजाघर खड़ा था
विकिरण से घायल थे ईसा
बाइबल के शब्द जल चुके थे
देखा था मैंने वह दृश्य
विवश बेंज़ायटन के अश्रुपूरित नेत्रों से

और तीन दिन बाद फ़ैट मैन फटा
सिंधु और पर्वत का प्रिय नागासाकि नष्ट हुआ

5

विवश बेंज़ायटन के अश्रुपूरित नेत्रों में
तिरते थे बैंगनी और पीले और नीले से ठिठके हुए स्वप्न
स्यात् वे मरे हुए रंग थे
ग्रीष्म के प्रेम में खिले
राबेन्दा अजासाइ हिमावारि हनशोबु के[16]

तिरते थे क्रंदन में उसके सब शिशुओं के हास
भाषा से खेलते हुए बच्चे उछलते थे
हृदय में उसके घिरे थे मेघों के शव

मारे गए अधरों से छिटके हुए चुम्बन
चिंगरियों से चिटकते थे
कण्ठ में उसके कराहों की आँधी थी
बहते थे कपोलों पर कृष्ण रंग अश्रु

और उधर, लक्ष्मीपति विष्णु के श्वेत सदन में
विजय का उत्सव था

6

सृष्टि के इतिहास में सबसे बड़ा छल था यह
प्रतिभा का भीषण दुरुपयोग

होने में अपने वास्तविक दिव्यता का अभाव रुला गया
मेधा होना मर्त्य की अखर गया
बलि और मदिरा पर मुग्ध शक्ति ने
छोड़ दिया था मेरा साथ
पुष्कर में भोग ग्रहण करते थे ब्रह्मा के चार हाथ
शिव के तीनों नेत्र बंद थे

सूर्योदय के देश में अकेली खड़ी थी मैं
और बाँहों में मेरी सिसकती बेंजायटन
जो मेरी ही अति प्राच्य धारा

मेरे प्रिय गौतम के त्रिपिटक से धुआँ उठता था
वज्र की क्रूरता ले फटा था उपाय प्रज्ञा पराजित थी

7

सरस्वती रहस्योपनिषद् थामे
बैठा था जूलिअस विषण्ण
और मैं उसे कराती थी स्मरण—

मन में शान्ति
वातावरण में शान्ति
मन पर प्रभाव डालती शक्तियों में शान्ति

और गीता को परे ठेल कहती थी
शान्ति थी ही कहाँ वत्स
कर भी क्या सकते थे तुम
राष्ट्र और सत्ता के रूपक होते ही अमोघ

होते ही युद्ध की घोषणा
करुणा का कवि भी
खड्गहस्त नृप का चारण हो जाता

मन भी पृथ्वी है पुत्र
समतल ही नहीं उपत्यका, अधित्यका
और छोटे-बड़े पर्वत भी कई
एक-सा बह पाना कब सम्भव

कभी-कभी गिरता है मेरा सारस्वत प्रवाह भी
विकट प्रपात-सा प्राणांतक!

8

अदृश्य मैनहट्टन की रहस्यमय गुफा में
प्रवेश से वंचित ऐल्बर्ट
उस अवसर को करता था प्रणाम
जिसने किया था बाधित उसे

ज्ञान के टीले पर हाथ उठा
शान्ति और करुणा को पुकारता था
रात के एकान्त में

बहुत लाड़ आया था उस पर भी मुझे
कि सत्ता के नियमों ने मेरे एक पुत्र को
आत्महीन होने से बचा लिया

जूलिअस और ऐल्बर्ट ही नहीं
प्रतिभा और प्रेम से भरे प्रत्येक मानस को पुकारती रही
अणु-परमाणु टूट चुके थे
टूट सकते हैं पुन: और कहीं भी
भय तो था कि जलने-पिघलने के लिए
लंका होना भी आवश्यक नहीं रहा

अखिल विश्व में घूमती-पुकारती फिरी सबको
कि अदृश्य मैनहट्टन की रहस्यमयी गुफा का मुँह
यथाशीघ्र बंद हो

9

काव्य और कला और विचार की आँधी तो उठी
उठे विवेक के करुणा-पूत स्वर
किन्तु मेरा असन्तोष मुझे सर्प-सा डँसता रहा
गगन में मेरे फिरती रही विकल बेंजायटन
अश्रु से भीगते रहे पुस्तक के पृष्ठ
वीणा की काया में कृष्ण रक्त भर गया
और मैं एक दिन शोक और लज्जा के मारे
भूमि के भीतर जा गड़ी

किन्तु चेतना का यही तो शाप
कि क्षिति और जल और पवन और पावक
और गगन से मुक्ति नहीं

मुक्ति नहीं अपने रूप-प्रतिरूप से
पृथ्वी के भीतर भी गूँजता रहा क्रंदन बेंजायटन का

चीखती रही वह कि हाय रे
सारी की सारी तरलता अवरुद्ध

मैं भी हतबुद्धि हतवेग हतकुक्षि
रुद्धकण्ठ भाषा शिथिल-प्राण वीणा

कोई नया मार्ग
कोई नया रूपक
कोई नया रूप
ढूँढ़ना ही होगा

और मास की समाप्ति के पूर्व ही एक दिन
मैंने पुकारा बेंजायटन को
देखो सखि, देखो, मुझे देखो तो
धरा है मैंने नव रूप

गगन से मेरे निकल भागी वह
ध्वस्त और दग्ध हिरोशिमा पर उड़ी
कमल से छिटकती किरणों की काया
चील-सी आँखें
टूटे हुए घरों और छूटे हुए प्राणों के खँडहर में
ढूँढ़ती रहीं वाणी के रंग
किन्तु हाय, वहाँ तो अश्रुहीन क्रंदन की किरचें थीं
हो चुके नाश का गूँगा आतंक था

मैंने कहा इधर हूँ वह गई उधर
मैंने कहा—रंग ढूँढ़
उसने कहा—कहीं नहीं
मैंने कहा—अरुणा मैं ऊषा के रंग की
इधर आओ इधर आओ मलबे के बीच मैं खिली हूँ

भागी हुई आई वह
देख अरुणाभ दल निमिष-भर ठिठकी
और गिरी अकस्मात्
क्रोड़ में मैंने सहेज लिया

गूँजता रहा उसका आश्चर्य
कि सरस्वती, तुम हो यह कैना पुष्प
तू तो सदा शुभ्रा धवला तुषार हार

सुखद लगा मुझे यह शिशु-सुलभ कोमल आश्चर्य
सृजन की आशा पश्यन्ती से वैखरी हुई—
हाँ सखि, मैं ही हूँ
मानस की शक्ति की नई ऋचा
हठी जिजीविषा का नया श्लोक
जिसे तुम कहती हो कैना पुष्प[17]
गुणों से अपने वैजयन्ती है!

व्रात्य

मैं कीकट[18] से आया हूँ, व्रात्य[19] हूँ
अपनी पावसजीवी नदियों की तरह अधीर और उद्धत
अभावों की पहाड़ियों और भावों के कीच पर पला हूँ
मेरी वाणी में मशकों की भन्नाहट और दंश है
अभद्र हूँ महाकवि दो टूक और कटु बोलता हूँ
मेरी भाषा में इतने फूल नहीं कि टहनी के काँटे छुप जाएँ

मैं बहुत छोटा हूँ जन्म और मृत्यु के क्षण-भर
मेरी लेखनी में बस इतनी ही मसि
कि एक लड़खड़ाता कवित्त लिख सकूँ

मैं बीते, बीतते और बीतनेवाले समय को
देश के पात्र में नहीं ढाल सकता
नहीं कर सकता निश्चित
कि मुझसे आसवित जल क्षितिज तक बहे
मेरा जीवन तो अपनी पात्रता को जीवित रखने के लिए
कुआँ खोदते बीता है
मैं सत्य को कथा और कथा को सत्य नहीं बना सकता
कृष्ण द्वैपायन

मैं महर्षि नहीं मनुष्य हूँ साधारण मनुष्य

जिसका कहा ऋतु बदलते-बदलते
पके शस्य-सा कट जाता है

मेरे पास कोई कैलास नहीं कोई शिव नहीं
कोई शिवालिक भी नहीं
कि ब्रह्म के जल को हिम-सा धारण कर सके
न वह प्रशस्त ढलान ही
कि बह सके ब्रह्म माया के तटों के बीच
वह सिंधु भी नहीं
जो कर सके बहती हुई माया को ब्रह्मलीन

कीकट के भीतर जहाँ मैंने आँखें खोलीं
वहाँ ऐसा कोई प्रवाह नहीं था
कि मानस और वाणी का शाश्वत रूपक बन सके
किन्तु अमरकण्टक की भुजा, कहना चाहिए—
किसी उँगली के पोर की रेखा से फूटी
एक नदी अवश्य थी
जल में जिसके वनों और खेतों की
लाल और हरी स्मृतियाँ बहती थीं

यह नदी पक्के राग-सी बहती नर्मदा की दूर की बहन थी
किन्तु उच्छृंखल, कई कोखों से जन्मी
कई दिशाओं और कई नामों में बहती—
मोहना, नीरंजना, फल्गु और महाने और भुतही और जलवार

तुम्हारी और तुम जैसे ऋषि कवियों की कथा में
नीरंजना और मोहना और इनके बीच बसा धर्मारण्य तो है
किन्तु मसान के पार के स्नान का कुंड भर
मृत्यु के अशौच का शोधन क्षेत्र

ज्वर की तरह अपवित्रता भी कीकट के नाम

सत्य को पकड़ती कथा के भीतर देख पक्षपात
पीड़ा तो होती है
किन्तु महाने के लाल पानी पर पले इस व्रात्य को हँसी भी आती है
कि वाह री दिव्यता
तेरा मन्दिर पंकिल पिछवाड़े के बिना बन ही नहीं सकता

मोहना नीरंजना और फल्गु
तो अब भी बहती हैं पावस से शरद तक
अब भी सींचती हैं वज्रासन का हृदय
और बोधि वृक्ष का मूल
किन्तु महाने मर चुकी है
मर चुकी है मेरी माँ, मेरी पहली सरस्वती
जिसे युवक सिद्धार्थ ने कटि-भर जल में डूबकर पार किया था

मैं मृत महाने[20] के पूर्वी तट पर चला हूँ
उसकी अदृश्य हो चुकी धारा के विरुद्ध
गया हूँ उजाड़ धर्मारण्य और तीर्थ हो गए वज्रासन तक
कि अब तो सब विनशन के ही उपनाम हैं

हे परम पितामह
मेरी देह और आत्मा के तलवे रेत के ताप से सीझे हैं

तुम और तुम्हारी महत्कथा के महान पात्रों ने ही नहीं
विनशन मैंने भी भोगा है महर्षि
मैंने भी देखी है नदी और मिट्टी की मृत्यु
जेठ में उड़ती हुई रेत ने मेरी दीठ को भी छलनी किया है
रक्त से दूषित अश्रु मेरे भी गालों पर बहे हैं

मात्र एक विनशन से पीड़ित हो पर्वतों में गए थे तुम
कि ऊँचाई से उतरती किसी धारा को सरस्वती कह सको
मैं कहाँ जाऊँ महाकवि
कि मेरा तो समय ही स्वर्णिम मरुभूमि-सा ठहर गया है!

विसर्जन

ज्ञान के दीपों के सामर्थ्य की सीमा देखते-देखते
बूझ गया हूँ सरस्वती कि यह जीवन
एक अज्ञान से दूसरे अज्ञान तक की यात्रा है!

क्या जीते कोई, क्या हारे

क्या जीते कोई, क्या हारे॥

जिन नैनों से अग-जग देखा
पुतली भीतर सारा लेखा
उन नैनों को किन नैनों से
किस विधि ढूँढ़े और निहारे। क्या जीते कोई, क्या हारे॥

पीछे रखकर काली रातें
बोले काँच सरीखी बातें
अपने शीशमहल में बैठा
कोई दोनों लोक सँवारे। क्या जीते कोई, क्या हारे॥

मुझ मूरख से क्या होना था
क्या पाना था क्या खोना था
मैं तो बस रह गया विचरता
तुझे ढूँढ़ता तुझको धारे। क्या जीते कोई, क्या हारे॥

ओ मेरे नैनों की जोती
मोती को क्या देखे मोती
सारे नैन तुम्हारे दरपन
सारे दरपन नैन तुम्हारे। क्या जीते कोई, क्या हारे॥

राग-रचा जो वो क्या गाए
अपना अनहद किसे सुनाए
पानी को पानी क्या धोए
बानी को क्या बैन पुकारे। क्या जीते कोई, क्या हारे॥

वक्तव्य

मैं तेज़ाबी हवाओं में जीवित बच गया किसलय हूँ
अकाल और भूख से लड़कर जवान हुआ एक ख़ूब हरा पत्ता
जिसने आसमान के सीने में बादल उमड़ा दिए

जिन्हें तुम मेरी क़िस्मत समझ रहे
उन बारिशों के लिए मैंने आसमान में कुएँ खोदे हैं

अचानक कुछ भी नहीं होता, जीवन का अन्त भी नहीं

पल्लवों से भरी छितरायी डालें बाज़ार से लेकर नहीं आया हूँ

आओगे तुम, ज़रूर आओगे—एक बड़ी भीड़ के साथ
पूरा का पूरा वसन्त लिये, लेकिन तब
जब मैं अपने अन्तिम हेमन्त की अन्तिम घड़ियों में
एक अब तक अदेखे रंग के पहले और आख़िरी पत्ते में बदल चुका होऊँगा!

माचिस

लौट तो हम भी जाएँगे एक दिन
इसी मिट्टी पानी और हवा में, किन्तु निस्तेज
तेज यहीं रह जाएगा वाक्यों में हमारे
कि हँसकर या रोकर, वाक्य ही तो बना पाए
—शब्द तो एक नहीं बना

जानता हूँ, असंख्य अप्राप्य वाक्यों की तरह
हमारे वाक्य भी बिखर जाएँगे एक दिन

मगर तेज का क्या
हमारे वाक्यों में क्या सिर्फ़ हमारा ही तेज है
वह तो किसी के भी वाक्य में रह लेगा
जैसे पत्थरों से पहली बार छिटकी चिंगरियाँ
उस माचिस में जो किताबों के बीच बड़े आराम से पड़ी है!

लज्जित

(आलाप:राग भूपाली, किशोरी अमोनकर और
हरिप्रसाद चौरसिया को सुनते हुए)

आज
बाँसुरी जैसी आवाज़
और आवाज़ जैसी बाँसुरी की
जुगलबंदी सुनी

कभी होंठ कण्ठ
कभी कण्ठ होंठ

सुनते हुए आँखें लगातार भीगीं
जल था—नदी का, उसी नदी का
जो कभी नहीं दिखती, किन्तु सदा बहती है

बेवजह नहीं कि पहले विदेह
और फिर जगत में
इतना अधिक भीगा हुआ लौटा

सोचता हूँ
किसी की भी कविता में
उतर सकती क्या
तुम्हारी यह तरलता

लज्जित हूँ श्रेयसि,
इतने सारे सबद लिखने के
अपने दुस्साहस पर!

अक्षमता का घोषणापत्र

कितनी बार चाहा कि तुझे भर दूँ
और तू दो किनारों के बीच
मेरे टीले से जन समुद्र तक अविरल हो जाए

लेकिन चाहने से क्या होता है
मेरे जलाशय छोटे हैं और सूर्य की प्यास विराट
आकाश अनन्त और पवन के थपेड़े निर्मम
बस, दो-चार हवा मिठाइयों के बराबर ही मेरे मेघ

चाहा तो बहुत किन्तु गले में तेरे डाल सकूँ
ऐसी कादम्बिनी सम्भव न हुई
न वो शम्पा ही जिसकी कौंध
किसी प्रच्छन्न सत्य को उजागर करती है

ताप के व्यापार से अटी पृथ्वी पर ऐसे बरसता रहा
जैसे ज्वर से लाल गालों पर आँसू

आज जब अपनी अक्षमता का घोषणापत्र लिखने बैठा हूँ
तो देखता हूँ कि मेरा सारा जल
कागद के चन्द पन्नों पर
गिने जा सकने भर शब्दों में सोया है

मैं इतना ही कर पाया सरस्वती
और आगे भी इससे अधिक क्या कर पाऊँगा
अब तुम उनका साथ दो
जिनके शब्द और वाक्य अणुओं की तरह टूटकर
आकाश को भरने की बात कह रहे

मैं तो एक पैदल यात्री
जिसके मशक में चुल्लू-भर जल और चारों ओर वह मरुभूमि
जो तुम्हारे मार्ग और लोक बदलने से पैदा हुई!

अज्ञान से अज्ञान तक

जब त्वचा और मांस में नोनी लग चुकी होगी
अस्थियाँ खड़िया की गीली मीनार-सी मर्माहत होंगी
और आतुर होगा अन्तिम पतन का समाचार
पढ़े जाने की प्रतीक्षा में
तब भी तू होगी मेरे साथ
मेरी भाव-भर आत्मा में

जब असमर्थता प्रलय के जल की तरह घेर लेगी
बह जाएगी क़लम कहीं दूर निश्चेष्ट हो जाएँगे हाथ
गल जाएँगी सारी सीखी भाषाएँ
कण्ठ में शब्दों से अधिक आवाज़ें रहेंगी शेष
तब भी तू होगी मेरे साथ
बचपन में सीखी उस प्रार्थना की तरह
जो मेरे अज्ञान के बस्ते में आज भी पड़ी है

ज्ञान के दीपों के सामर्थ्य की सीमा देखते-देखते
बूझ गया हूँ सरस्वती कि यह जीवन
एक अज्ञान से दूसरे अज्ञान तक की यात्रा है!

परिशिष्ट

1. खल्ली छुआना : बिहार के जहानाबाद ज़िले के कंदौल (कवि का जन्मस्थान) में, एक पुराना संस्कृत विद्यालय था जिसे सरकार ने प्राथमिक विद्यालय में बदल दिया था। वहाँ विद्यारम्भ की एक सांस्कृतिक रस्म थी। सरस्वती पूजा के दिन गुरुजी नवबटुक को पहली बार खल्ली उर्फ़ खड़िया उर्फ़ चाक छुआते थे और नई स्लेट पर कुछ लिखवाते थे।
2. मेरे बाबा यानी दादाजी की माँ उस बड़गाँव की थीं जहाँ प्राचीन नालंदा विश्वविद्यालय के खँडहर मिले हैं। बाबा संस्कृत के ज्ञाता थे। उनकी शिक्षा प्राचीन बौद्ध केंद्र धराउत में हुई थी। इस बौद्ध केंद्र का वर्णन ह्वेनसांग ने भी किया है।
3. वन्या : यह शब्द वन्य में टाप् प्रत्यय के जुड़ने से बना है। शब्दकोश इसका अर्थ जलराशि, बाढ़, प्लावन बताते हैं। प्लावन के जल में प्रवाह और वेग होता है। वन से जुड़े सावेग प्रवहमान जल को वन्या मानते हुए मैंने इसे जंगली नदी के अर्थ में प्रयोग किया है।
4. मिस्र की संस्कृति में नेथ युद्ध की देवी थी और सेशत पढ़ाई-लिखाई की। जापान की प्राचीन संस्कृति में हैचिमन युद्ध के देवता थे और बौद्ध जापान में बेंजायटन विद्या की देवी हुईं। बेंजायटन को सरस्वती का बौद्ध और जापानी संस्करण माना जाता है।
5. भोपाल के निकट भोजपुर में राजा भोज का बनवाया एक शिव मन्दिर जो अधूरा रह गया।
6. बाबुल मेरा नैहर छूटो जाए—यह ठुमरी नवाब वाजिद अली शाह उर्फ़ अख़्तर पिया की है।
7. मैहर का वह पर्वत जिस पर शारदा मन्दिर बना है। कहते हैं यहाँ आल्हा घोड़ा दौड़ाते हुए चढ़ जाते थे।
8. एक लोककथा के अनुसार देवी शारदा एक चरवाहे को सुनहरी गाय के रूप में मोहित कर एक गुफा तक ले गईं। वहाँ उसे एक बुढ़िया मिली जिसने उसे कुछ अनाज के दाने दिए जो घर आने पर रत्न में बदल गए। यह बात उसने

राजा को बतायी। देवी ने राजा को स्वप्न में शारदा मन्दिर बनाने का आदेश दिया।

9. अलाउद्दीन ख़ान को देश बाबा कहकर याद करता है। बाबा न सिर्फ़ रविशंकर के गुरु थे बल्कि अन्नपूर्णा देवी और अकबर अली ख़ान जैसी संगीत-विभूतियों के पिता भी। उनके पुत्र अली अकबर अली ख़ान की पोती और ध्यानेश ख़ान की बेटी सहाना गुप्ता की शोधपरक और गहरे सरोकार के साथ लिखी गई किताब 'उस्ताद अलाउद्दीन ख़ान' में उनकी वंशावली पंडित दीनानाथ देव शर्मा से आरम्भ होती है। वे एक संत-मन सम्पन्न किसान थे। उनके पुत्र सिराजू कुछ उग्र स्वभाव के थे और वे आर्थिक असमानता के विरुद्ध लड़ने के लिए देवी चौधरानी के सैन्य दल में शामिल हो गये थे। जब अंग्रेजों ने दबाव बनाया और पकड़-धकड़ शुरू की तो सिराजू ने इस्लाम क़बूल कर अपनी पहचान छिपा ली। तीन पीढ़ियों बाद साधू ख़ान हुए जिन्हें संगीत में रुचि थी और सितार बजाते थे। यही बाबा के पिता थे। बाबा बचपन में आलम कहलाते थे और संगीत में जान बसती थी इनकी। वे आठ की उम्र में संगीत सीखने के लिए बीमार और नींद में डूबी माँ के बटुए से पैसे चुराकर रातों रात भाग गए थे। उन दिनों शिवपुर से कलकत्ता पहुँचने के लिए स्टीमर की सुविधा थी। कलकत्ता पहुँचते ही पास के पैसे चोरी हो गये और इन्हें हुगली किनारे श्मशान के बाहर रोज़ दोपहर मिलनेवाले श्राद्ध के भात के सहारे कई साल काटने पड़े। नहाने के लिए नदी और सोने के लिए एक डॉक्टर के क्लिनिक का ख़ाली बरामदा। वहीं एक महिला मिली जो इनकी इच्छा जान नूल गोपाल के पास ले गई। कोई चौदह की उम्र तक गायन सीखने के बाद एक दिन इनके बड़े भाई आ धमके थे और वापस शिवपुर। वहाँ इनका विवाह मदनमंजरी उर्फ़ मदीना बेग़म से करा दिया गया। सुहाग की रात नींद में डूबी किशोरी के गहने और तोहफ़े में मिले रुपये चुराकर आलम फिर भाग खड़े हुए। कोलकाता पहुँचे तो पता चला गुरु नूल गोपाल नहीं रहे। उनकी अगली मुलाक़ात विवेकानन्द के चचेरे भाई हाबु दत्त से हुई और उनकी सलाह पर गायन छोड़ वादन सीखने लगे। एक थिएटर कम्पनी में नेपथ्य वादन करते हुए कई तरह के वाद्य यंत्र बजाना सीख गए, मगर उनका पहला प्यार तार वाद्य ही रहा। जब उन्हें लगा कि वे बहुत कुछ सीख गए तो कोलकाता के पास एक राजा के यहाँ अपनी कला दिखाने के लिए गए। उन्हें सुबह बुलाया गया। सुबह दरबार में अहमद ख़ान का सितार वादन हुआ। आलम उन्हें सुनते-सुनते रो पड़े। उनका अहंकार बह गया और वे अहमद ख़ान के शागिर्द बन गए। यहाँ उन्होंने बहुत कुछ सीखा मगर उनकी मंज़िल तो सेनिया घराने के आख़िरी चिराग वज़ीर ख़ान थे। सेनिया घराना मतलब तानसेन का घराना।

वज़ीर ख़ान रामपुर के नवाब के उस्ताद थे। नवाब साहब की सिफ़ारिश पर अलाउद्दीन ख़ान को वज़ीर ख़ान की सहमति तो मिल गई मगर दाख़िला काफ़ी समय बाद मिला, और फिर वे छः-सात साल तक सीखते रहे। तब कहीं जाकर उनके उस्ताद ने उन्हें मंच पर उतरने की अनुमति दी। एक प्रस्तुति के दौरान मैहर के नरेश उनसे मिले और निवेदन किया कि वे उनके गुरु बनें। अलाउद्दीन ख़ान ने उनका प्रस्ताव स्वीकार कर लिया और वे मैहर में आ बसे। कहते हैं कि वे सीढ़ियाँ चढ़कर सरस्वती मन्दिर के द्वार तक अक्सर पहुँचते थे और वीणा बजाते थे। वीणा! बाबा अलाउद्दीन ख़ान हर तार वाद्य को यही कहते थे।

10. ईषत् एवं मनाक् : मींड एक नोट से दूसरे पर फिसलने का अभ्यास है। ईषत् स्पर्श—कान के पर्दे पर इस फिसलन का सूक्ष्मतम स्पर्श। मनाक् स्पर्श—गायक के मानस में मींड का आगमन।
11. हिसिऑड की थियोगॉनी के अनुसार माउंट ओलिंपस निवासी ग्रीक देवराज ज़्यूस और स्मृति की देवी निमोसिनी की नौ बेटियाँ थीं। ये म्यूज कही गईं और मिथकीय मान्यताओं के अनुसार सृजन की प्रेरक देवी मानी गईं। पश्चिमी सभ्यता के प्राचीन लेखक अपने ग्रंथों का आरम्भ इनकी अभ्यर्थना से करते रहे हैं। उन्हें सृजनात्मकता के उद्रेक में प्रेरक भूमिका निभाने का श्रेय दिया गया है। एक परम्परा उन्हें वॉटर निम्फ़ यानी अप्सरा की तरह देखती है और हेलिकन के प्रपात से सम्बन्ध जोड़ती है। हिसिऑड के अनुसार म्यूज़ेज़ नौ हैं और उनके विभाग भी बँटे हैं : कैलियोपि—महाकाव्य; क्लियो—इतिहास; पॉली ह्यम्निया—पवित्र कविता, पवित्र छंद और नृत्य; यूटर्पि—गीत; टर्प्सिकरि—नृत्य; इराटो—एरोस से जुड़ा नाम, गीतिकाव्य; मेल्पॉमेनी—ट्रेजेडी; थलिआ—कॉमेडी; यूरेन्या—एस्ट्रोनॉमी।
12. हिरोहितो—द्वितीय विश्वयुद्ध के समय जापान का सम्राट
13. मैनहट्टन प्रोजेक्ट—अमेरिकी एटम बॉम्ब प्रोजेक्ट का गुप्त नाम
14. बिबा : वीणा का जापानी संस्करण, जैसे बेंजायटन सरस्वती का। बेंजायटन बिबा लिये रहती है।
15. ओटगऽव—जापान की एक नदी जो हिरोशिमा के पास से बहती है।
16. जापान के ग्रीष्मकालीन फूल
17. कहा जाता था कि 75 वर्षों तक हिरोशिमा की धरती पर कुछ भी नहीं उगेगा मगर कोई सवा महीना बाद ही 1945 के मध्य सितम्बर में विस्फोट-स्थल से 820 मीटर की दूरी पर एक कैना फ्लावर खिला। एक फोटोग्राफ़र ने उसकी श्वेत-श्याम फोटो खींची जो हिरोशिमा के म्यूज़ियम में प्रदर्शित है। इसे मृत्यु के विरुद्ध जीवन के सुन्दर हठ की तरह देखा गया और इसके बीज आज भी

जापान और दुनिया के अलग-अलग हिस्सों में फैलाए-लगाए जा रहे हैं।

18. कीकट—वैदिक ऋषि मगध को कीकट कहते थे और ज्वर को कीकट जाने का श्राप देते थे।

19. व्रात्य : प्राचीन मगध के निवासियों को व्रात्य कहा जाता था।

20. महाने : कवि का गाँव कंदौल इसी नदी के किनारे बसा है। गया जिले में बहनेवाली यह नदी एक बाँध की कृपा से मर चुकी है। बहुत सम्भव है कि राजगीर की तरफ़ जाते युवा सिद्धार्थ ने इसे पार किया हो।

21. पृष्ठ संख्या 243 और 246 पर उद्धृत श्लोक गीताप्रेस, गोरखपुर द्वारा सम्पादित-प्रकाशित महाभारत के संवत 2051 में प्रकाशित छठे संस्करण से हैं।